Narrenkomödie

Noch nicht Schluss mit Lustig

Bibliografische Information der Deutschen Nationalbibliothek
Die Deutsche Nationalbibliothek verzeichnet diese Publikation in der
Deutschen Nationalbibliografie: detaillierte bibliografische Daten sind
Im Internet über http://dnb.ddb.de abrufbar

Impressum:

© 2024 André Schmitz

Verlag: BoD · Books on Demand GmbH, In de Tarpen 42, 22848 Norderstedt
Druck: Libri Plureos GmbH, Friedensallee 273, 22763 Hamburg

Fotos: Claudia Schmitz, Peter Steves, Jens Gütgens

ISBN: 978-3-7693-1023-8

Inhalt

Der Witz setzt immer ein Publikum voraus. Darum kann man den Witz auch nicht bei sich behalten. Für sich allein ist man nicht witzig.

Quelle:
Johann Wolfgang von Goethe

Vorwort

Erneut haben von mir geschriebene Bühnenstücke Einzug in ein Buch gehalten. Dieses Mal sogar insgesamt sieben Einakter, also zwei mehr, als in den beiden vorangegangenen Büchern, in welchen jeweils fünf zu lesen sind.
Der Titel meines neuen Buches ist: „Narrenkomödie" – Noch nicht Schluss mit Lustig!

Eine Theaterkomödie wird geschrieben, um das Publikum zum Lachen zu bringen und zu unterhalten. Im Gegensatz zu einer Tragödie, die ernste und oft tragische Themen behandelt, dreht sich die Komödie um lustige, absurde oder heitere Situationen und Charaktere. Die Handlung von Komödien ist oft leicht und humorvoll, mit witzigen Dialogen und lustigen Szenen. Missverständnisse und Verwechslungen werden häufig genutzt, um komische Effekte zu erzielen. Die Charaktere sind oft übertrieben dargestellt, manches Mal sogar klischeehaft, was ihre Eigenheiten und Schwächen humorvoll in den Vordergrund stellt. In meinen Stücken sind es immer wieder die gleichen Personen, wie zum Beispiel Mariechen, Fritzchen, Wirt Matthes, Drickes oder die Familie Sauerbrei, die derart dargestellt werden. Im Gegensatz zur Tragödie enden Komödien meist positiv oder zumindest versöhnlich.
Komödien enthalten manchmal auch subtile oder offene Kritik an gesellschaftlichen Normen, Sitten und Problemen, wobei der Humor als Werkzeug dient, diese Themen zu hinterfragen. Komödien gibt es in vielen Formen, wie etwa Slapstick (körperlicher Humor), Satire (kritischer Humor), Romantische Komödie (Liebesgeschichte mit humorvollen

Elementen) oder Schwarze Komödie (Humor in Bezug auf ernste oder düstere Themen).

Das Ziel bleibt jedoch immer, das Publikum auf der Bühne oder den Leser, der entsprechenden Bücher, zum Lachen zu bringen und eine entspannte Atmosphäre zu schaffen.

Um dieses Buch lesbarer zu machen, als die ursprünglichen Manuskripte, werden nur wenige Mundartbegriffe im „Dölker Plott" (Dialekt) genutzt.

Dennoch wird auch in diesen vorliegenden Stücken der ein oder andere mundartliche Begriff zu lesen sein. Viele der Wortbeschreibungen werden Sie vermutlich kennen, einige vielleicht nicht. Die meisten werden im Stück unmittelbar erläutert.

Ein Beispiel:

Mariechen	Was ist eigentlich ene Tuunköning?
Rosemarie	Häh?
Mariechen	Ene Tuunköning – ein Zaunkönig.
Rosemarie	Ach, so...

Es handelt sich also um den mundartlichen Begriff für einen Vogel.

Weitere Begriffe finden Sie in der jeweiligen Legende erklärt.

Begeben Sie sich nun in die komödiantische Welt der Narren. Ich wünsche Ihnen humorvolle Stunden beim Lesen und dass meine Zeilen ab und an ein langandauerndes Lächeln in Ihr Gesicht zaubern.

André Schmitz

„Kirmes in Dölke"

Bühnenstück
Einakter
von André Schmitz

Beschreibung:

Im Jahr 2008 habe ich für das „Aat Dölker Stöckske" die Dölker Kirmes um 1900 ausgesucht. Damals, wie auch heute, besuchten große und kleine Leute gerne dieses bunte Treiben.

Etwas in Vergessenheit geraten ist jedoch die Tatsache, dass bis weit ins 20te Jahrhundert hinein, am letzten Tag der Kirmes, auch hier bei uns in Dülken, eine Strohpuppe verbrannt wurde. Dieser Brauch, der in ähnlicher Form auch noch bei Schützenfesten angewendet wird, ist teilweise bis nach Süddeutschland verbreitet.

Die Puppe erhielt im Laufe der Jahre viele unterschiedliche Namen, wie zum Beispiel:
Kirmeshex, Kirmeskaatje, Kirmesmännchen, Zacheies, Paias, Erbsenbär, Bacchus u.a.

Für alle Übertritte während der Kirmes ist diese Puppe verantwortlich. Jedes Bier zu viel, jeder „nicht eheliche Kuss", jedes „Schäferstündchen", jedes Gespräch mit Viersenern und alle weiteren Fehlverhalten werden dieser Figur zur Last gelegt.
Mit dem Verbrennen oder Beerdigen der Kirmeshex wird somit das Kapitel Kirmes und auch die ein oder andere begangene Sünde beendet.
Dieser Brauch symbolisiert das Ende, aber gleichzeitig auch einen Neubeginn.

Wie sich ein solches Treffen, zum Verbrennen der Kirmeshex, abgespielt haben könnte, wer Träger der Kirmeshex ist, und welche Rolle Viersener auf der Dülkener Kirmes spielen, lesen Sie im Bühnenstück „Kirmes in Dölke".

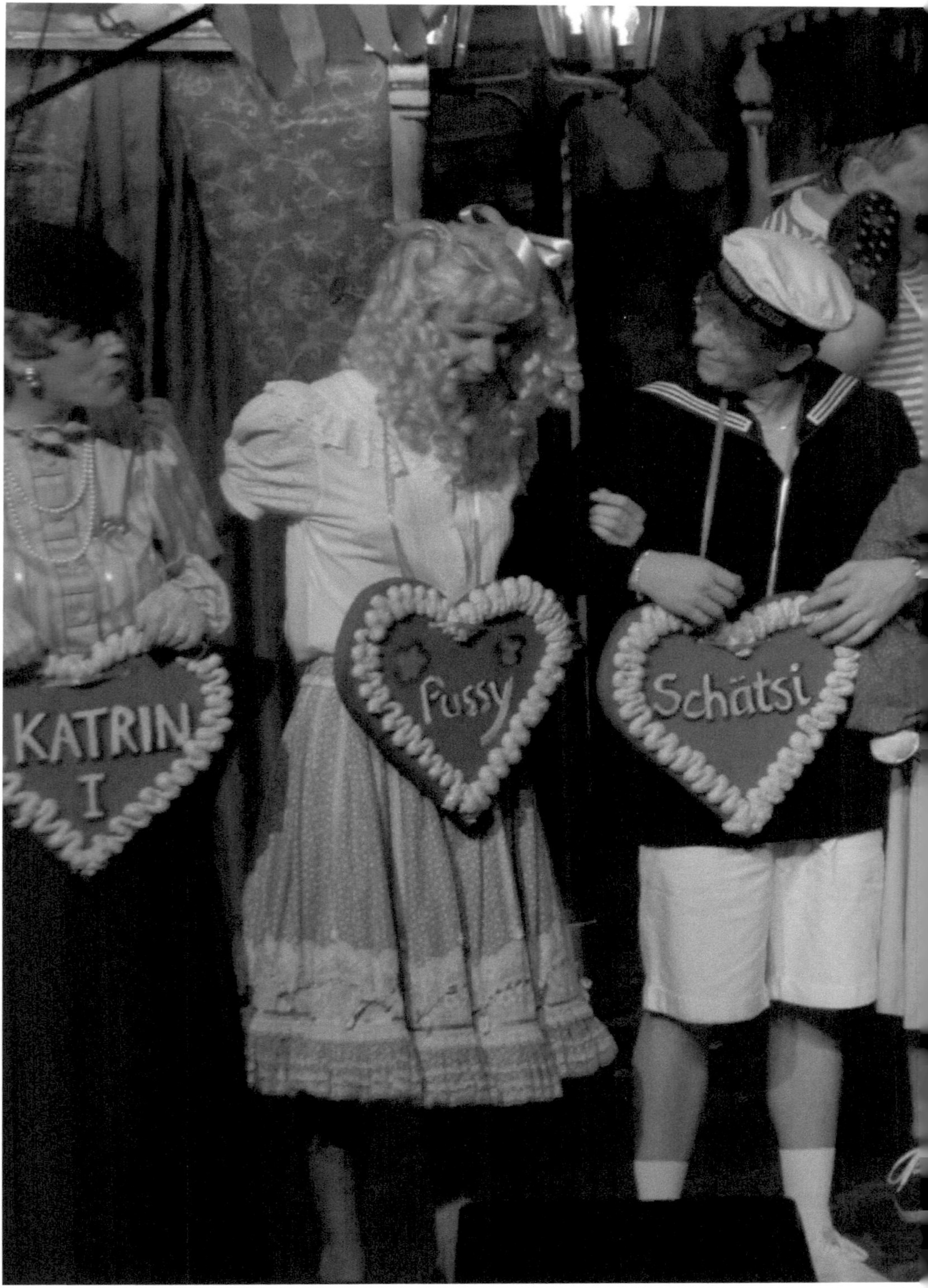
KATRIN
I
Pussy
Schätsi

Beschreibung:

Auf dem Marktplatz sind viele verschiedene Fahrgeschäfte, Karussells, Schiffschaukeln, Schießstände, Losbuden, Büchsenwurfbuden, Süßigkeitenstände, Fischbuden aufgebaut. An einem Bierstand werden neben Getränken auch kleinere Speisen angeboten. Es gibt zahlreiche Tische und Sitzgelegenheiten für die Besucher des Festes.

Requisiten:

Allerlei Krimskrams für die Buden, Lebkuchenherzen, Zuckerwatte- und Popcornmaschine. Fische für die Fischbude, Geschirr und Tischdecken, Blümchen für die Tische. Stelzen, Drehorgel, Hantelstange mit Gewichten, Lose, Glaskugel, Eimer und Schwamm, eine Kirmeshexe.

Schlusslied:

„Liebling mein Herz lässt dich grüßen"

Erklärungen zur Dülkener Mundart:

Dat schlät öt Küüpe der Boam uut	Das schlägt dem Fass den Boden aus
Zääk	He da/sag mal
Wii schrivvt ör üch	Wie heißen Sie
Paias	Hanswurst
Du bös doch knatschjeck, datte bös	Du bist total verrückt
Streävele	Streiten
Die kikkt so sööt, wie e Ponk Stampzocker	Die schaut so süß drein, wie ein Pfund Zucker
Blaare	Kinder
Die ös ever all lang uut de Flüer.	Sie hat die Blütezeit hinter sich
Hoop und Hölp	Zu Hilfe
Wenn dö jeck wörs, dat fängt en deä Kopp aan	Wenn man verrückt wird, beginnt es im Kopf
Heä stenk na de Schöpp	Der riecht nach dem Grabspaten

Futschbloas	Schweinsblase
Driitfleech	Schmeißfliege
Orjelmännke	Drehorgelspieler

Es spielen:

Mariechen	Wirtin
Matthes	Wirt
Drickes	Schiffschaukelbremser
Herr Heintges	Süßwarenbudeninhaber
Aal Fine	Fischverkäuferin
Konrad	Kirmesbesucher, Sohn von Fine
Leni Wüllenweber	Kirmesbesucherin
Didi Wüllenweber	Träger der Kirmeshexe
Hedwig Wüllenweber	Kirmesbesucherin, Didis Tochter
Wilhelm	Junge, Kirmesbesucher
Hansi	Stelzenläufer
Herr Voss	Bürgermeister
Frau Voss	Bürgermeistergattin
Herr Boeken	Orjelmännke
Herr Sauerbrei	Viersener Kirmesbesucher
Herr Tusch	Kirmesbudenbesitzer
Frau Ludmilla	Wahrsagerin
Herr Houdini	stärkster Mann der Welt

Szene 1

(Heintges betritt die Bühne und trägt einen Bauchladen)

Heintges	Bonbons, Zuckerstangen, Süßholz. Bei mir bekommen sie alles, was süß ist. Ist ja noch nicht viel los an diesem Mittag.

(Drickes kommt und fummelt an der Schaukel herum)

Heintges	Ah, der Herr Schiffschaukelbremser ist auch da. Juuten Mittach auch.
Drickes	Na, das schlägt dem Fass ja den Boden heraus. Wie nennst du mich? Schiffschaukelbremser? Ich glaube ja, dass du sie nicht mehr alle hast.
Heintges	Aber das bist du doch. Das ist doch das Einzige, was du gelernt hast, oder etwa nicht?
Drickes	Dafür muss man studiert haben, du dolle Hut. Das kann noch lange nicht jeder.
Heintges	Oh, das wusste ich gar nicht. Also dann: Herr Ober-Schiffschaukelbremser.
Drickes	Du bist so doof, du kannst eigentlich nur aus Viersen sein.

Heintges	Das ist jetzt aber eine Beleidigung. Ich mag ja doof sein, aber aus Viersen bin ich nicht.

Szene 2

Drickes	Jetzt hör bloß auf, hier Süßholz zu raspeln. Guck, dass du deine Bonbons verkauft bekommst, du Drüemel.
Heintges	Pfefferminzbonbons, Kamille-Bonbons, Schokoladenbonbons, Lakritz-Bonbons. Ich habe alles, was das Herz begehrt.
Drickes	Jetzt geh doch endlich weiter. Es dauert noch was, bis die Leute alle kommen.
Heintges	Und wieso?
Drickes	Heute ist doch der letzte Kirmestag und da treffen sich die Leute gleich hier an der Bierbude, um nachher die Kirmeshexe zu verbrennen.
Heintges	Ach so.

Szene 3

Drickes	Zääk, ich kenn dich noch jar nich. Wii schrivvt ör üch denn?
Heintges	Hääää?

Drickes	Wie heißt du Paias überhaupt?
Heintges	Mein Name ist Heintges. Und wenn ich mal viel Geld habe, mache ich irgendwann in Dülken meine eigene Fischbude auf!
Drickes	Aha, riechen tust du jetzt schon so.
Heintges	Och, du bös doch knatschjeck, datte bös.

Szene 4

Drickes	Apropos viel Geld haben. Ich möchte ja mal so reich sein wie unser Kaiser Wilhelm und Aussehen möchte ich dann so wie du.
Heintges	Ach, das ist jetzt aber nett von dir, dass du so aussehen willst wie ich.
Drickes	Ja hör mal, wenn ich so reich bin wie unser Kaiser Wilhelm ne, dann ist es mir doch scheißegal wie ich aussehe.

Szene 5

(Das Wirtsehepaar erscheint an der Bierbude)

Matthes	Das ist ja nicht zum Aushalten mit euch. Schluss jetzt mit deä Streävelei. Mariechen, bringe den beiden doch mal zwei Kurze, damit hier Schluss ist.

Mariechen	Ich hätte gerne noch länger zugehört. Das war lustig.
Matthes	Na Drickes, wie geht's dir denn?
Drickes	Ach, nicht so gut.
Matthes	Wieso? Was ist denn los?
Drickes	Ach, ich habe gestern EKG gemacht.
Matthes	Na und? Ein EKG tut doch nicht weh.
Drickes	Doch, bei mir schon. EKG! Enzian, Korn und Gin.
Mariechen	Das hätte ich gar nicht gedacht, dass das so ein Suupsack ist. Hier bitte sehr, eure zwei Kurzen.

Szene 6

Drickes	*(zu Heintges)* Die kikt so söt, wie e Ponk Stampzocker.
Mariechen	Das habe ich gehört. Nene, für das Süßzeug ist der da zuständig.
Drickes	Aber Mariechen, ich habe mich für dich auch extra frisch rasiert.
Mariechen	Ja, das ist auch das einzige, was an dir noch frisch ist.

Szene 7

Matthes	Aber wo du gerade von EKG sprichst: Ich war letztens bei Dr. Lauer. Ohne mich zu untersuchen, hat der mir Moorbäder verschrieben.
Drickes	Wofür soll das denn gut sein?
Matthes	Er meinte, wenn ich so weitersaufen würde, dann könnte ich mich schon mal an die feuchte Erde gewöhnen.

Szene 8

Drickes	Hört mal bitte: Ihr habt doch gestern auf der Hochzeit vom alten Fürwentsches serviert und euch um das leibliche Wohl der Gäste gekümmert. Wie war es denn dort?
Matthes	Ich habe gesagt: Mariechen, da vorne am Tisch des Brautpaares wird der Schweinekopf serviert. Wenn du ihn gleich dahin bringst, dann denke daran, Zitrone ins Maul und Petersilie in die Ohren.
Mariechen	Und das habe ich auch genauso gemacht, wie er das gesagt hat.
Drickes	Ja und?

Mariechen	Na, ich sah vielleicht bescheuert aus, kann ich dir sagen.

Szene 9

Matthes	Schaut mal, da kommt Fine, die alte Fischverkäuferin
Mariechen	Und ihr Sohn ist auch dabei.
Drickes	Tach, Fine. Tach, Konrad.
Fine	Tach.
Konrad	Tach.

Szene 10

(Der Stelzenläufer läuft über den Kirmesplatz)

Hansi	Meine Damen und Herren gehen sie auf keinen Fall einfach so an der Schiffschaukel vorbei. Die macht Spaß, die macht Freude. Hier werden Männer wieder zum Kind.
Konrad	Mama, darf ich mal auf die Schaukel?
Fine	Aber sicher, mein Junge. Hier sind 10 Pfennig.

(Konrad und Drickes gehen zur Schiffschaukel)

Szene 11

Fine	Ich hätte gerne ein Tasse Kaffee.
Mariechen	Muss ich erst aufbrühen.
Matthes	Na, Frau Antwerpes, habt ihr den Sturm letzte Nacht mitbekommen?
Fine	Oh ja, das hat ganz schön gerappelt.
Matthes	Und? Ist euer Dach auch beschädigt?
Fine	Keine Ahnung, ich habe es noch nicht wiedergefunden.

Szene 12

Matthes	Fine, euer Sohn ist ja schon richtig groß geworden.
Fine	Ja, er ist schon in der vierten Klasse, bei Frau Bernhard in der Kreuzherrenschule. Aber dreimal hat er wiederholt.

(Drickes zieht Konrad am Ohr)

Konrad	*(hat die Hose halb herunterhängen)* Aua, lass das!
Drickes	Du blödes Blaag!
Fine	Was hat er denn angestellt?

Drickes	Der Sausack hat von der Schaukel jepieselt!
Fine	Stimmt das, Konrad?
Konrad	Ich weiß gar nicht, was ihr wollt. Es heißt doch Schiffschaukel, oder?

Szene 13

Drickes	Er ist schon recht weit für sein Alter.
Konrad	Oh ja, bin ich. Gestern hätte ich sogar mit einer 25jährigen schlafen können.
Drickes	Warum hast du es nicht getan?
Konrad	Ich war überhaupt nicht müde.
Fine	Jetzt benimm dich.

Szene 14

(Konrad geht zur Schaukel. Der Stelzenläufer erscheint wieder)

Hansi	Liebe Kirmesbesucher, denkt daran, heute wird die Hexe verbrannt.
Konrad	Heute wird die Hexe verbrannt, lalalala.

(Leni Wüllenweber kommt mit ihrer Tochter Hedwig)

Fine	Ah, schaut mal wer da kommt! Ist das schon die Kirmeshexe?
Matthes	Hehe. Nein, das ist Frau Wüllenweber, nebst Tochter.
Alle	Guten Tag, zusammen.
Leni	Guten Tag. Seid ihr auch alle hier, um gleich die Kirmeshexe zu verbrennen?
Fine	Ja, sicher! Das ist doch Tradition.

Szene 15

Matthes	Na, Hedwig, wie war es denn am Samstag auf der Party? Warst du denn auch artig?
Hedwig	Wenn ich dem Wilhelm glauben kann, dann war ich sogar großartig.

Szene 16

Heintges	Kirschbonbons, Apfelbonbons, Erd-beerbonbons, Birnenbonbons.
Hedwig	Mama, darf ich ein Bonbon oder einen Lutscher und dann schaukeln?
Leni	Ja, aber pass auf dein Kleid auf. Dass mir da bloß keine Flecken draufkommen tun.

Szene 17

Matthes	Die ös ever all lang ut de Flüer.
Heintges	Häää?
Matthes	Die hat ihre Blütezeit schon lange hinter sich.
Hedwig	Mamaaaa, die lästern über dich!
Matthes	Nein, wir haben über die Blumen hier auf dem Tisch gesprochen. Möchten sie etwas trinken, Frau Wüllenweber?
Leni	Ja, immer noch einen Kaffee.
Matthes	Schwarz?
Leni	Ööhhh, was haben sie denn sonst noch so für Farben?

Szene 18

Fine	Wie war es denn im Urlaub?
Leni	Ach, da war alles voller Mücken.
Matthes	So umschwärmt war sie ja schon lange nicht mehr.
Leni	Ich muss doch sehr bitten.

Drickes	Ne, ne, nix bitten, getanzt wird erst heut Abend.

Szene 19

Leni	Aber dieser Kerl hier, der war letztens im gleichen Hotel untergebracht wie wir.
Matthes	Stimmt das?
Drickes	Ja, leider.
Leni	Und er lag zwei Tage lang ununterbrochen vor der Hoteltür.
Matthes	Besoffen?
Leni	Nein. Die hatten Hochwasser gemeldet und da dichten die ihre Türen immer ab mit alten Säcken.

Szene 20

Drickes	Das Hotel hat mir gar nicht gefallen. Ich konnte kaum schlafen.
Matthes	Warum das denn?

Drickes	Die Zimmer waren sehr hellhörig. Zum Beispiel lag ich eines Abends im Bett und hörte die ganze Zeit aus dem Nachbarzimmer: Wem gehört denn das süße Popöchen? Na, wem gehört denn das Popöchen?
Matthes	Aha!
Drickes	Und das hörte gar nicht mehr auf. Immer wieder: Wem gehört denn das Popöchen? Na, wem gehört es denn? Dann wurde es mir aber zu bunt. Ich aus dem Bett raus, auf den Flur gelaufen, an die Tür vom Nachbarzimmer gehauen und gerufen: Verflixt noch mal, das wird sich doch wohl noch feststellen lassen, wem der verdammte Arsch gehört.

Szene 21

Mariechen	Ich habe übrigens in dem Hotel serviert und ich kann das bestätigen, dass die Wände sehr dünn sind.
Matthes	Da hast du mir ja noch gar nichts von erzählt. Was war denn?
Mariechen	Ach, ich hatte mein Zimmer direkt neben der alten Wüllenweber und ihrem Mann. Und die haben wohl an einem Abend mal Liebe gemacht. Und da habe ich so einiges gehört.

Matthes	Ja? Jetzt erzähl schon.
Mariechen	Die alte Wüllenweber hat ihrem Mann wohl immer über den Kopf gestrichen und dann hat er sie gefragt warum sie das macht. Und da hat sie gesagt: Ich suche deine Hörner, du liebst mich ja wie der Teufel.
Drickes	Meine Güte!
Mariechen	Und kurz darauf hat der Didi seiner Frau dann wohl auch über den Kopf gestrichen. Diesmal hat nämlich seine Frau gefragt: Na, bin ich auch so teuflisch gut?
Matthes	Und? Was hat er geantwortet?
Mariechen	Er hat gesagt: Nein, ich suche deine Hörner, weil du so schwer bist wie 'ne Kuh.
Drickes	Nicht so laut, sie bekommt das sonst mit.

Szene 22

Matthes	Bei mir ist das ja schon lange her, dass ich in einem Hotel war. Da waren wir noch gar nicht verheiratet.
Mariechen	Das war noch eine schöne Zeit.

Matthes	Auf jeden Fall habe ich einmal im Dülkener Hof übernachtet. Und als ich gerade zu Bett gegangen war, kam die junge, hübsche Tochter der Wirtin in mein Zimmer.
Drickes	Was wollte sie denn?
Matthes	Sie hat mich gefragt, ob ich frieren würde und, ob sie mich wärmen sollte.
Drickes	Ja, und?
Matthes	Ich ärgere mich heut noch, dass mir damals nicht kalt war.

Szene 23

Hedwig	Mamaaaa, der Junge hier sagt die ganze Zeit, ich soll von der Schaukel aus Pipi machen.
Konrad	Nee, das stimmt überhaupt nicht.
Fine	Lass das Mädchen in Ruhe. Das ist kein Umgang für dich.
Leni	Wie bitte?

Szene 24

Drickes	Wo bleibt denn euer Mann?
Leni	Er kommt etwas später.

Drickes	Hoop und hölp, da kommt der Bürger-meister, samt seiner Gattin.

(Herr und Frau Voss kommen anspaziert)

Frau Voss	Ach Schatzi, du weißt ja gar nicht, wie gerne ich über die Kirmes gehe. Schön, dass wir hier sind.
Herr Voss	Es handelt sich um einen Pflichttermin und hat weniger was mit dir zu tun.
Frau Voss	Och Mann, mit deinen Äußerungen hast du mir schon so oft weh getan.
Herr Voss	Kann gar nicht sein. So wie du aus-siehst, bist du doch schmerzfrei.

Szene 25

Frau Voss	Eines schönen Tages verlasse ich dich.
Herr Voss	Aber heute ist doch ein schöner Tag.
Frau Voss	*(schluchzt)*
Herr Voss	Du liebst mich doch nur, weil mein Vater mir ein Riesenvermögen hinterlassen hat.
Frau Voss	Nicht doch. Ich würde dich immer lieben, ganz egal wer es dir hinterlassen hat.

Szene 26

Matthes	Guten Tag Frau Bürgermeisterin, Herr Bürgermeister. Wünschen Sie etwas zu trinken?
Frau Voss	Bitte zwei Bier.
Herr Voss	Gestatten Sie, dass ich rauche?
Leni	Ach, Herr Bürgermeister, fühlen Sie sich wie zu Hause.
Herr Voss	Na, dann eben nicht.

Szene 27

Mariechen	Na, Frau Bürgermeisterin, wie ist es?
Frau Voss	Ganz gut. Ich war heute Morgen noch in einem Schönheitssalon.
Mariechen	Ach.
Frau Voss:	Was, ach?
Mariechen	Na, sie haben es wenigstens versucht. Aber sagen sie mal, wie war es denn auf dem Geburtstag von Ihrer Oma. Sie ös doch 90 geworden. Was habt ihr der Oma denn geschenkt?

Frau Voss	Wir haben Geld gesammelt und für 500 Mark einen Callboy für Oma bestellt. Dann haben wir die Oma mit dem Callboy in ihr Zimmer gebracht und alleine gelassen. Und wir haben gefeiert.
Mariechen	Ja, und?
Frau Voss	Als nach einer Stunde der Callboy immer noch nicht aus dem Zimmer kam, habe ich mir Sorgen gemacht und bin mal in das Zimmer gucken gegangen. Und da lag der Mann ganz alleine auf dem Bett.
Mariechen	Und? Wo war die Oma?
Frau Voss	Das habe ich den Callboy auch gefragt. Da sagt der: Och, keine Sorgen, die Oma ös nur schnell zur Sparkasse, noch mal 500 Mark abheben.

Szene 28

Mariechen	Sie kennen doch auch meinen Opa, oder?
Frau Voss	Klar, der alte Schmitz ist das doch. Der geht doch auch schon auf die 90 zu.
Mariechen	Genau der! Er war gestern im Rathaus und hat sich offiziell als Dülkener abgemeldet und sich zum Viersener umschreiben lassen.

Frau Voss	Wenn dö jeck wörs, dat fängt en der Kopp aan.
Mariechen	Genau das habe ich ihm auch gesagt, aber er meinte nur: Mariechen ich stenk doch all na de Schöpp, und mir ist es lieber, es geht ein Viersener, als einer von uns.

Szene 29

(Stelzenläufer kommt wieder)

Hansi	Denken Sie auf jeden Fall daran, ein süßes Souvenir von der Dölker Kirmes mitzunehmen.
Konrad	Mama, soll ich dem staksigen Schwätzer mal Beinchen stellen?
Fine	Untersteh dich, nachher fällt der mir noch auf meinen Kuchen.
Heintges	Zimtbonbons, Anisbonbons, Bourbonbonbons.
Konrad	Der Jeck geht mir auch auf den Senkel. Genau wie der Stelzekerl. Ah, guck mal, wer da hinten kommt.
Drickes	Endlich, da kommt er ja.

Szene 30

(Didi und Wilhelm kommen und haben die Kirmeshexe dabei)

Didi	Guten Tag zusammen. Wie gefällt euch die Hexe?
Drickes	Sehr schön! Wer hat denn dafür Modell gestanden?
Didi	Niemand, nur das Stroh erinnert mich immer ein bisschen an dich. Aber gib mal lieber einen aus.
Drickes	Das geht nicht, meine Freundin hat ein Kind bekommen und mich jetzt auf Unterhalt verklagt.
Didi	Oh, hast du denn kein Veto eingelegt?
Drickes	Doch, aber das muss irgendwie verrutscht sein.

Szene 31

Didi	Gut, dann gebe ich jetzt einen aus. Mariechen, bitte zwei Bier und für meinen Jungen eine Brause.
Drickes	Wieso seid ihr denn so spät?

Wilhelm	Papa und ich waren mit unserem Hund noch beim Fußball. Dülken gegen Viersen.
Matthes	Hat der Hund wieder Salto geschlagen?
Wilhelm	Ja, hat er.
Matthes	Das habe ich einmal mitbekommen, wenn der mit seinem Hund zum Fußball geht. Immer wenn die Viersener ein Tor geschossen hatten, machte der Hund plötzlich einen Salto.
Drickes	Boahh, einen Salto? Wie denn? Vorwärts oder rückwärts?
Didi	Das ist je nachdem, wie ich ihn gerade treffe.

Szene 32

Drickes	Fußball ist für Didi alles. Ich wette, er weiß noch nicht mal mehr, wann er ge-heiratet hat.
Didi	Da irrst du dich aber gaaanz gewaltig. Das weiß ich noch ganz genau. Das war nämlich, als wir mit Dülken bei den Ochsen in Dilkrath 2:1 gewonnen haben.
Wilhelm	Wir hatten Glück, dass wir noch rechtzeitig beim Anpfiff waren.

Drickes	Wieso? Hast du wohl was zu lange geschlafen oder?
Didi	Ach, gestern ist es ein wenig später geworden. Aber heute Morgen waren mein Hemd und meine Hose schön zusammengelegt, auf dem Tisch stand für mich das Frühstück bereit und ein Zettel von meiner Frau lag auf dem Tisch. Da stand drauf: Wir sind schon zur Kirmes. Geh du doch erst das Fußballspiel gucken und dann kommst du nach.
Wilhelm	Ja, der Papa ist um drei Uhr total besoffen, fast schon bewusstlos, nach Hause gekommen und hat erst mal ein paar Möbel demoliert. Dann hat er sich im Flur noch übergeben.
Drickes	Oh weia! Und warum war denn heute Morgen alles so schön aufgeräumt und was sollte der Zettel?
Didi	Der Wilhelm hat mir das so erzählt: Erst hat mich meine Frau ins Schlafzimmer geschleift, dann auf das Bett gewuchtet und gewaschen, aber als sie versucht hat mir die Hose auszuziehen, habe ich mich wie der Teufel gewehrt und wohl gerufen: Hände weg Fräulein, ich bin glücklich verheiratet.

Drickes	Da sieht man es wieder mal. Zur richtigen Zeit, das Richtige sagen, ist Gold wert.

Szene 33

Matthes	Aber sach mal, das mit deiner Schwiegermutter, das wusste ich ja gar nicht. Das tut mir aber leid.
Didi	Danke.
Drickes	Wie, was ist denn mit deiner Schwiegermutter? Ich denk, die ist vor zwei Jahren bei Ibiza im Meer ertrunken und seitdem verschollen.
Didi	Ja, ist sie ja auch, aber letzte Woche kam ein Telegramm aus Ibiza.
Drickes	Was stand denn drin?
Didi	Da stand: Überreste ihrer Schwiegermutter über und über mit Muscheln bedeckt gefunden. Perlen haben einen Wert von 100.000 Mark.
Drickes	Und? Was hast du denen zurücktelegrafiert?
Didi	Ich habe zurücktelegrafiert: Perlen verkaufen, Geld überweisen, Köder wieder auslegen.

Szene 34

Hansi	Meine Damen und Herren, verpassen Sie gleich auf keinen Fall den stärksten Mann der Welt, hier auf dem alten Markt in Dülken.
Didi	Phh, stärkster Mann der Welt, die kennen mich noch nicht. Ich habe früher als Boxer Unmengen an Geld verdient.
Drickes	Das glaubst du doch selber nicht. Du bist doch ständig KO gegangen.
Didi	Stimmt, aber ich hatte meine Schuhsohlen als Werbefläche vermietet.

Szene 35

Drickes	Hör mal: Deine Frau hat doch bald Geburtstag, hast du schon ein Geschenk für sie?
Didi	Na klar.
Drickes	Was hast du denn?
Didi	Ich habe Dessous gekauft, in Größe 98. Einen wunderschönen Schlüpfer.
Drickes	Wie bitte? Einen Schlüpfer in Größe 98? Die Größe gibt es überhaupt nicht, wie kommst du denn da drauf?

| Didi | Doch, 98 gibt es! Das weiß ich ganz genau. Ich habe nämlich einen neuen Kaninchenstall und der ist einen Meter breit. Und da ist links und rechts noch je ein Zentimeter frei, wenn meine Frau davorsteht. |

Szene 36

(Herr Boeken kommt mit der Drehorgel und spielt ein Lied an)

Hansi	Hier ist für sie aber jetzt erst mal das Dülkener Orgelmännlein.
Frau Voss	Das ist aber mal ein schönes Gerät.
Boeken	Oh, danke, schöne Frau! Und wie finden sie denn meine Drehorgel?
Frau Voss	Phhh!

Szene 37

Boeken	Ach, Herr Bürgermeister, ihr seht aus als hättet ihr Kummer?
Herr Voss	Ja, Herr Boeken, meine Frau hat angedroht, sie spricht einen Monat nicht mehr mit mir.
Boeken	Wie schrecklich.
Herr Voss	Ja, heute ist der Monat um.

Szene 38

Herr Voss	Aber sag mal, du warst doch vor drei Wochen auch auf der Kirmes in Viersen.
Boeken	Ja, warum?
Herr Voss	Da ist mir etwas aufgefallen. Du hast doch mit den zwei Viersenern gesprochen, die mit ihrem Hund vorbeikamen.
Boeken	Genau! Da erinnere ich mich dran.
Herr Voss	Und nachdem du mit denen gesprochen hattest, blieben die alle paar Meter stehen und haben den Schwanz von ihrem Hund hochgehoben und dem immer wieder auf das Hinterteil geguckt. Und jetzt würde es mich ja interessieren, was du denen gesagt hast?
Boeken	Ach sooo! Als die vorbeikamen habe ich zu meinen Freunden nur gesagt: Guckt mal, da kommt wieder der Hund mit den beiden Arschlöchern.

Szene 39

(Herr Sauerbrei und Herr Tusch kommen und stellen sich an die Wurfbude)

Sauerbrei	Hallo! Hallo! Kann hier denn auch mal jemand bedienen?

Tusch	Ja, ich würde gerne auf die Büchsen werfen.
Sauerbrei	Und ich würde viel lieber mit dem nassen Schwamm werfen.
Matthes	Na gut. Das macht für jeden 10 Pfennig.

(Tusch schmeißt auf die Büchsen)

Konrad	Mama, darf ich gleich auch mal Büchsen werfen?
Sauerbrei	Und jetzt ich. Wo ist denn jemand für das Schwammwerfen? Da muss doch irgendwer den Kopf hinhalten.
Didi	Drickes, geh du doch in das Loch. Ich kenne den. Der hat noch nie getroffen bei dem Spiel.
Drickes	Meinst du? Na gut, ich mach das.

(Sauerbrei wirft und trifft)

Drickes	Du hast doch gesagt, der hat noch nie getroffen.
Didi	Da muss ich den wohl verwechselt haben, wer sind sie denn überhaupt?
Sauerbrei	Gestatten, Sauerbrei, Viersen!
Alle	Oh, nein, der Strunzkopp.

Tusch	Gestatten, Tusch!
Drickes	Tata! Tata! Tata! Tata!
Tusch	Nein, keinen musikalischen Tusch. Ich heiße Tusch. Edi - Schausteller. Auch aus Viersen.
Alle	Och nein, noch ein Viersener.
Boeken	Das sind die Beiden, die mit dem Schäferhund vorbeigekommen sind.
Sauerbrei	Das werde ich ihnen nicht vergessen. Ich hätte besser Sie beim Schwammwerfen genommen.
Boeken	Schausteller? Was stellen Sie denn so zur Schau?
Tusch	Selbstfahrer und Hau' den Lukas.
Sauerbrei	Hat denn jemand schon auf den Lukas gehauen?
Boeken	Wie? Auf den Lukas hauen? Ich denk', der Doof hier heißt Edi.

(Didi und Sauerbrei hauen den Lukas)

Sauerbrei	Ja, los, dann zeig ich den Dülkenern einmal, wie wir Viersener den Lukas hauen.

Didi	Ahhh, die Anzeige geht aber nur bis Batzremmel.
Sauerbrei	Was ist denn ein Batzremmel?
Didi	So nennt man einen Angeber, du Doof.
Sauerbrei	Ich wäre mit Sicherheit auch noch eins höher gekommen.
Didi	Das glaub ich gern, da steht nämlich: Futschbloas und so siehst du auch aus.
Sauerbrei	Futschbloas? Was bedeutet das denn?
Didi	Das sage ich lieber nicht.
Drickes	Und jetzt zeige ich mal, wie wir das in Dülken machen.

(Die Anzeige knallt nach oben. Die Klingel ertönt und ein kleines Feuerwerk wird abgebrannt)

Sauerbrei	Das ist ja unglaublich: Wie haben sie das denn geschafft?
Didi	Das war nicht schwer. Ich habe mir bloß vorgestellt, deä Holzknoap, das wärst du.
Alle Kinder	Futschbloas, Futschbloas.
Sauerbrei	Jetzt gebt Ruhe!

Szene 40

Konrad	Hast du Lust mitzukommen und Zaubertricks zu machen?
Hedwig	Ja klar. Was kannst du denn zaubern?
Konrad	Wir küssen uns und dann verschwindest du.

Szene 41

Hansi	Vergessen sie nicht, sich gleich den stärksten Mann der Welt anzuschauen.
Didi	Da bin ich ja mal gespannt.
Hansi	Aber erst einmal tanzt für sie Ludmilla, die Wahrsagerin. Seien Sie mutig, lassen sie sich von ihr die Zukunft lesen.

(Ludmilla tanzt auf dem Marktplatz)

Boeken	Leck misch inne Täsch, die sieht aber gut aus.
Matthes	Findest du? Wohin schaust du denn zuerst bei einer hübschen Frau?
Boeken	Ich schaue immer zuerst, ob meine Alte guckt.
Ludmilla	Liebe Leute, habt ihr Fragen? Die Zukunft kann nur ich euch sagen.

Didi	Ich mache das. Ich will es wissen. Was kostet das denn?
Ludmilla	15 Pfennige, pro Blick in die Zukunft.
Didi	So, wie die schielt, sieht sie vermutlich gar nichts. Dann mal los.
Ludmilla	Aus ihrer Handlinie lese ich Schreckliches. Ich sehe dunkle Mächte über deinem Haupt. Man wird dich mästen, töten und auffressen.
Didi	Moment, nicht so schnell, lass mich doch erst einmal meine Lederhandschuhe ausziehen.
Ludmilla	Mein Gott, das kann ich Ihnen unmöglich sagen.
Didi	Nu mach schon.
Ludmilla	Ich sehe, dass ihre Frau bald sterben wird.
Didi	Das weiß ich selber. Ich will wissen, ob ich freigesprochen werde.
Ludmilla	Das hat keinen Zweck mit Ihnen. Möchten Sie vielleicht?

Drickes	Ich? Ja, von mir aus.
(zu Didi)	Mal gucken, was die kann. Ich werde die mal testen.
(zu Ludmilla)	Aber nicht, dass aus der Hand gelesen wird. Guck mal in deine Kugel, was die so sagt.
Ludmilla	Na gut!
Drickes	Was habe ich in meiner hinteren rechten Hosentasche?
Ludmilla	Da steckt ein kleiner, schwarzer Kamm, mit vielen kleinen Tierchen drin.

(Mariechen schaut sofort nach)

Mariechen	Iihhh! Das stimmt, alles voller Läuse. Baahh.

(Mariechen holt Läuse und Nissen aus Drickes Haar)

Drickes	Ich glaube das immer noch nicht. Noch eine Frage: Wo ist mein Vater im Moment?
Ludmilla	Er sitzt am Hariksee und angelt.
Drickes	Hähähä, reingefallen. Mein Vater ist seit zehn Jahren tot.

Ludmilla	Der Ehemann ihrer Mutter ist vielleicht tot, aber ihr Vater sitzt am Hariksee und angelt.
Drickes	Da bleibt mir die Luft weg. Das ist ja, das ist ja...
Ludmilla	Ahh, wie ich sehe, sind Sie auch Vater von zwei Kindern.
Drickes	Hehe, der Meinung sind Sie. Ich bin Vater von drei Kindern.
Ludmilla	Hehe, der Meinung sind Sie.
Drickes	Jetzt ist es aber gut, ich glaub da kein Wort von.
Frau Voss	Du Schatzi, darf ich auch mal in die Zukunft gucken lassen?
Herr Voss	Mach doch, was du willst.
Frau Voss	Ooooh, ich bin richtig nervös.
Mariechen	Dann versuch es doch mal mit Baldrian.
Frau Voss	Gerne, wenn du mir sagst, wo der wohnt.

Szene 42

Frau Voss	Tach, Madame Ludmilla. Ohhh, da bin ich ja mal gespannt. Oooohh. Was sehen Sie? Werde ich meinen Charme behalten? Und wird das Alter spurlos an mir vorübergehen?
Ludmilla	Hmmm, ich sehe Sie mit einem Fotomodell in Paris, dann mit einer Hollywoodschauspielerin in Cannes und dann mit einem knackigen Radiomoderator auf Hawaii.
Frau Voss	Oooh, Gott sei Dank! Das hört sich doch richtig gut an.
Ludmilla	Moment, ich sehe da noch etwas. Kann es sein, dass Sie Organspenderin sind?
Frau Voss	Können Sie eigentlich auch noch was anderes als Wahrsagen?
Ludmilla	Ja, ich kann ein wenig zaubern.
Frau Voss	Was denn, Sie sind auch noch Zauberkünstlerin? Was können Sie denn zaubern?
Ludmilla	Ich zersäge Frauen.
Frau Voss	Ohh, aber hoffentlich nicht mich. Haben Sie denn auch noch Geschwister?

| Ludmilla | Ja, jede Menge Halbschwestern. |

Szene 43

| Hansi | Meine Damen und Herren, endlich ist es soweit. Hier ist er extra für Sie aus Bois- heim: Der stärkste Mann der Welt. Houdiniiii. |

| Didi | Meine Güte. Jetz dreht er ganz durch. |

(Houdini kommt)

| Hedwig | Ohhh, der sieht aber stark aus. |

| Houdini | Ich bin der stäääääärkste Mann der Welt. Ladys und Gentleman, ich zerquetsche jetzt diese Zitrone bis auf den letzten Tropfen aus. Wer es danach noch schafft, einen weiteren Tropfen Herauszuquetschen, erhält diese Einhundert Mark! |

(Mariechen geht mit dem Hut herum und sammelt Geld ein, Houdini zerquetscht die Zitrone)

| Houdini | Und? Wer hat Mut? |

| Didi | Ich mach das. Reich mir den Rest von der Zitrone mal rüber. |

(Didi quetscht und tatsächlich holt er noch einige Tropfen aus der Zitrone)

Houdini	Boah, wie hast du das denn geschafft? Bist du etwa auch Gewichtheber oder Ringer?
Didi	Nee, ich quetsch immer noch mehr raus, ich bin nämlich beim Finanzamt.

Szene 44

Houdini	So, jetzt passt aber mal auf. Nun wird es nämlich richtig schwer.
Alle	Ooohhhh, hört, hört, aufjepasst.

(Houdini hebt mit viel künstlicher Anstrengung eine große Hantel und setzt sie anschließend wieder ab. Verbeugt sich und tut so, als ob er (mit viel Applaus) die Bühne verlässt)

Konrad	*(nimmt sich locker die Hantel und ruft)* Onkel, Onkel, hier, warte mal, du hast was vergessen.
Matthes	Schiebung, ich will mein Geld zurück.
Drickes	Ich auch!
Matthes	Du hast doch gar nichts reingetan.
Didi	Nein, das war aber auch wieder nichts. Kannst du denn nichts Vernünftiges?
Houdini	Doch, ich habe noch was. Mariechen, bringe mir bitte mein Schwert.

Drickes	Ist das scharf? Oh wiiee, das sieht gefährlich aus.
Didi	Drickes, du weißt doch, am gefährlichsten ist es zu Hause, da passieren 90% aller Unfälle.
Drickes	Wenn das stimmt, zieh ich sofort aus.
Houdini	Ruhe jetzt, ich muss mich konzentrieren. Mit diesem Schwert werde ich eine Fliege im Flug in zwei Hälften schlagen.
Drickes	Ach was, das schaffst du nie.
Mariechen	Aufgepasst, ich lasse jetzt die erste Driitfleech frei.

(Die Leute schauen der Fliege hinterher und Houdini schlägt mit dem Schwert wild um sich)

Drickes	Jev ett noch enne Herrjott? Genau in der Mitte durch
Houdini	Da staunst du, was? Noch irgendwelche Fragen?
Didi	Gib mir das Schwert einmal. Mariechen, hast du noch eine Driitfleech?

(Mariechen lässt noch eine Fliege frei. Didi schlägt. Alles schaut der Fliege hinterher)

Drickes	Die fliegt doch weiter, die hast du überhaupt nicht getötet.
Didi	Getötet habe ich sie nicht, aber dafür kann sie jetzt nicht mehr Vater werden.

Szene 45

Boeken	Schluss jetzt mit dem Blödsinn hier. Wir müssen noch die Hexe verbrennen.
Drickes	*(klatscht mit der Hand nach einer Fliege)* So, die habe ich erwischt.
Boeken	Du Doof, du weißt, dass das die Driitfleech war, die der Didi gerade entmannt hat!
Drickes	Ja, das weiß ich. Ich konnte das Tier einfach nicht leiden sehen.
Boeken	Aber sag mal Drickes, warum fährst du eigentlich nie mit den Kirmesleuten auf Tour, sondern bleibst immer hier in Dülken?
Drickes:	Ach, das habe ich doch versucht, aber ich habe doch immer so ganz schlimmes Heimweh. Ich fahre doch noch nicht mal nach Viersen.
Didi:	Heimweh hast du? Bevor wir jetzt die Hexe verbrennen, singe ich dir noch etwas gegen Heimweh.

Schlusslied:

Liebling mein Herz lässt dich grüßen
Text leicht verändert

Dülken, ich möchte dich grüßen,
nur bei dir allein, kann ich glücklich sein.
All meine Träume, die süßen,
leg ich in den Gruß mit hinein.
Wenn auch die „Vierscher" verdrießen,
bald ist der Zorn schon dahin.
Dülken, mein Herz lässt dich grüßen
und dir sagen, wie nah' ich dir bin.

Für „Viersche" ham' wör nur Sympathie,
doch sagen wir „Sie",
denn die kriegen uns nie.
Doch für Dölke sag ich schon „Du"
und flüstere leis dir zu:

Dülken, ich möchte dich grüßen,
nur bei dir allein, kann ich glücklich sein.
All meine Träume, die süßen,
leg ich in den Gruß mit hinein.
Wenn auch die „Vierscher" verdrießen,
bald ist der Zorn schon dahin.
Dülken, mein Herz lässt dich grüßen
und dir sagen, wie nah' ich dir bin.

„Zemeärteszogh in Dölke"

Bühnenstück
Einakter
von André Schmitz

Beschreibung:

Für das diesjährige „Aat Dölker Stöckske" habe ich das Thema St. Martinszug in Dülken ausgewählt.

Der heilige Martin starb vor mehr als 1600 Jahren. Martinus war Bischof von Tours und schon zu Lebzeiten eine Legende. Aus den Geschichten, die sich um ihn rankten, entstand das Martinsbrauchtum. Dieses Brauchtum kann viele Jahrhunderte zurückverfolgt werden, erlebte zu Beginn des 20. Jahrhundert eine Renaissance und breitete sich aus.

Im Laufe der Zeit veränderte sich die Gestalt des Brauchtums. An die Stelle des freien Treibens der Kinder und Jugendlichen mit Gabenheischen, Laternen und dem Martinsfeuer trat ein geordneter Umzug, den Erwachsene organisierten.

Für Dülken kann der Zeitpunkt des „geordneten Umzuges"
ziemlich genau bestimmt werden. Er fällt vermutlich mit der
Gründung des Dülkener St. Martinsvereins 1869 zusammen. (Quelle: *Dülkener St. Martinsverein*)

Im Mittelpunkt des Martinszuges steht immer hoch zu Ross
St. Martin, in Ritterrüstung, der durch seine Mantelteilung
berühmt und zum Patron der Nächstenliebe geworden ist.

Fast immer!

Denn in einem kleinen Städtchen am Niederrhein - genannt
Dülken - sieht der Martinszug etwas anders aus. Dies geht
auch aus einer Beschreibung des Zuges hervor, die der
Vorstand des Dülkener St. Martinsvereins im Jahre 1955
verfasste. Darin hieß es:
„Der St. Martinszug findet in Dülken seit fast 90 Jahren in
der gleichen Form statt. Er unterscheidet sich von den vielen Zügen am Niederrhein dadurch, dass in ihm kein St.
Martin auf hohem Ross mit reitet, sondern hier wird die ca.
zwei Meter hohe Fackel der Stadt, welche eine historische
Mühle darstellt, auf einem Handwagen vorangefahren."
(Anmerkung: *dem Zug wird nicht die Dülkener Narrenmüh-
le, sondern eine Windmühle vorangetragen*)

Wie sich ehrenwerte Dülkener Bürger auf dem „Alten Markt"
versammeln, auf das Eintreffen der Kapelle und den Beginn
des Umzuges warten und welche Rolle Viersener im Dülkener St. Martinszug spielen, lesen Sie nun im Aat Dölker
Stöckske mit dem Titel: Zemeärteszogh in Dölke.

Bühnenbild:

Außenbereich einer Gaststätte in Dülken. Es gibt die Möglichkeit sich zu setzen oder sein Bier an Stehtischen zu trinken. Geschmückte und hellerleuchtete Fenster in den Häusern ringsherum. Die Leute tragen Laternen und Fackeln.

Requisiten:

Laternen und Fackeln, die Mühle auf einem kleinen Handkarren

Lieder:

Du bist (bess) die Stadt (Black Föss)

Loop Müller, loop!

Erklärungen zur Dülkener Mundart:

Zemeäerteszogh	St. Martinszug
Et ös noch jedes Joar juutjejange	Es ist noch jedes Jahr gut gegangen
Sträevele	Streiten
Wat datt a Weär öss wa, datt öss veels te wäerm vürr does Jahresteet	Was das für ein Wetter ist, das ist viel zu warm für diese Jahreszeit
Vierscher Wenk	Viersener Wind
Stronzbüül	Angeber
Als wies du	Als du – Dülkener Redensart
Tuunköning	Zaunkönig
Flöns	Blutwurst
Deä ös mich du-er de Lappe jejange	Er ist mir durch die Lappen gegangen, abgehauen
Kleen Döppes habbe jru-ete U-ere.	Kleine Kinder haben große Ohren
Spirenzkes	Blödsinn
Möönevett	Fettröllchen am Körper

Nonnenfürzkes	Muzen
Blaare, Blaage	Kinder
Der össe so naat, dem rostet der Schlueetel in de Hosentaesch	Er ist so nass/geizig, ihm rosten die Schlüssel in der Hosentasche
Heggeströpper	Landstreicher/Strolch

Es spielen:

Mariechen	Wirtin
Matthes	Wirt
Schlippes	Feuerwehrmann
Drickes	Dülkener Original
Boeken	Polizist
Didi Wüllenweber	1. Vorsitzender des St. Martin-Verein
Fritzchen	Sohn von Didi
Leni Wüllenweber	liebende Ehefrau
Frau Bohnen	Lehrerin
Herr Voss	Bürgermeister
Frau Voss	Bürgermeistergattin
Rosemarie	Mädchen
Gretchen	Mädchen
Herr Sauerbrei	St. Martin
Herr Genenger	Bettler

Szene 1

(Feuerwehrmann Schlippes sperrt ab)

Schlippes   So, da haben wir schon wieder Zemeärtes-zogh hier in Dölke. Und ich muss wie jedes Jahr die ganze Arbeit machen. Die anderen sitzen bestimmt im Spritzenhaus und feiern schon.

(Drickes begutachtet die Absperrung)

Schlippes   Oha, da ist ja auch schon der Erste vom St. Martinsvereinsvorstand. Tach, Drickes. Bist du zufrieden mit der Absperrung?

Drickes   Tach, Schlippes. Na ja, unter einer vernünfti-gen Absperrung stelle ich mir was anderes vor, als ein Seil.

Schlippes   Ja, was denn? Soll ich vielleicht nur für den Martinszug und das Feuerwerk hier eine Mau-er hochziehen?

Drickes   Mir ist das doch egal, wenn die Kinder unter der Absperrung durchlaufen. Aber erklär das mal unserem ersten Vorsitzenden, wenn der gleich kommt.

Schlippes   Et ös noch jedes Joar juut jejange, also ma-chen wir das dieses Jahr wieder so.

Drickes	Das ist wieder typisch. Ihr von der Brandbekämpfung seid auch nicht lernfähig.
Schlippes	Das sagt genau der Richtige! Aber ich sehe gerade, du hast da ein gaanz langes Haar aus der Nase wachsen.
Drickes	Ja, und? Dann zieh es doch raus.
Schlippes	Baaaahhh! Nein, im Ernst, das sieht aus wie eine Zündschnur.
Drickes	Jetzt hör aber auf. Du bist auch nicht gerade eine Schönheit.
Schlippes	Dafür habe ich im Gegensatz zu dir aber eine Schönheit zu Hause. Und die ist jetzt schwanger, wir bekommen Zwillinge.
Drickes	Im wievielten Monat ist deine Frau denn?
Schlippes	In der zweiten Woche
Drickes	In der zweiten Woche? Und dann wisst ihr schon, dass ihr Zwillinge bekommt? Wie geht das denn?
Schlippes	Och, wir haben zweimal einen Schwangerschaftstest gemacht und beide waren positiv.
Drickes	Sag du noch mal, ich sei blöde.

Szene 2

(Mariechen kommt und säubert den Außenbereich der Kneipe)

Mariechen   Taach, teeesaaame. Na ihr Zwei, seid ihr euch wieder am sträevelen?

Drickes   Tach, Mariechen. Nein, das sind normale Männergespräche, da kennst du nix von.

Mariechen   Möchtet ihr denn, bevor der Martinszug losgeht, einen Schnappes zum Aufwärmen?

Schlippes   Ja, wenn du uns so nett fragst, schönes Fräulein.

Mariechen   Das schöne Fräulein kannst du dir sparen.

Drickes   Ja, die hat Haare auf den Zähnen.

Schlippes   Immer noch besser, als aus der Nase.

Mariechen   So, hier habt ihr zwei Kurze. Wohl bekomms!

Drickes   Danke. Hör mal, ich habe gestern deinen Mann gesehen, der sieht ja schlimm aus. Ringe unter den Augen und so richtig aufgedunsen.

Mariechen   Ja, er arbeitet jetzt nebenbei noch bei einer Fertigbaufirma und die haben jeden zweiten Tag Richtfest.

Szene 3

(Matthes kommt)

Matthes   Ihr sprecht gerade über mich?

Drickes   Ja, Mariechen erzählte, dass du nebenbei auch noch fleißig bist.

Matthes   Ja, ohne geht nix mehr. Mit der Kneipe allein kannst du nichts mehr werden. Aber was gefällt dir denn an meinem Aussehen nicht?

Schlippes   Ich wüsste sofort was.

Matthes   Du hältst dich geschlossen! Sag mal Drickes, wir haben nächste Woche den Kaninchenzüchterverein hier bei uns in der Kneipe. Züchtest du eigentlich auch noch Kaninchen?

Drickes   Ja, sicher züchte ich auch noch Kaninchen.

Schlippes   Aber du verstehst doch gar nichts davon.

Drickes   Ich nicht, aber die Kaninchen.

Matthes   Apropos Ausstellung, unsere Katze hat jetzt den ersten Preis bei einer Vogelausstellung geholt.

Drickes   Bei ein Vogelausstellung hat eure Katze den ersten Preis geholt? Wie geht das denn?

Matthes   Ja, da stand eine Käfigtüre offen.

Szene 4

Matthes	Drickes, du hast da was an der Nase.
Drickes	Ach, das ist nichts.
Schlippes	Siehste, ich habe dir doch gesagt, das fällt auf.
Drickes	Schöne Blümchen hast du auf dem Tisch, Mariechen.
Mariechen	Ja, ne? Die sind auch winterfest.
Drickes	Was sind sie? Winterfest?
Mariechen	Ja winterfest. Wenn sie einmal gefroren sind halten die den ganzen Winter. Aber Winter gibt es vermutlich gar nicht. Wat datt a Weär öss wa, datt öss veels te wäerm vürr does Jahresteet
Drickes	Das hat bestimmt mit dem Klimawandel zu tun, die ganze Erderwärmung und so.
Matthes	Das ist bestimmt von dem „Vierscher Wenk", der in die ganze Umlaufbahn gelangt.
Schlippes	Genau! Der Viersener an sich ist ja schon eine Zumutung für unsere Umwelt.
Alle	Die Vierscher sind es schuld.

Szene 5

(Rosemarie und Gretchen kommen)

Matthes   Ah, da kommen schon die ersten Kinder.
                 Tach, Kinder.

Rosemarie und Gretchen Tach, Onkel!

Schlippes   Das mir gleich keiner von euch unter dem Seil
                 durchkriecht.

Gretchen   Ja, ja.

Drickes   Seid ihr allein?

Rosemarie   Was geht Sie das an?

Drickes   Jetzt sei mal nicht so vorlaut, sonst setzt es
                 Ohrlaschen.

Gretchen   Du kriegst uns gar nicht, bäh!

Rosemarie   *(zeigt ihre Laterne)*
                 Guckt mal, die haben wir selbst gebastelt.

Gretchen   Das war vielleicht eine Knibbelsarbeit.

Drickes   Schön habt ihr das gemacht. Vielleicht gewinnt
                 ihr ja einen Preis für die schönste Laterne. Ich
                 bin auch in der Jury.

Szene 6

Rosemarie Ich kenne den, der ging gestern mit einer Schildkröte über den Markt und hatte ihr so eine Leine umgebunden. Und er hat die ganze Zeit mit der Schildkröte gesprochen

Gretchen Ja? Was hat der denn zu der Schildkröte gesagt?

Rosemarie Der hat gesagt: Zieh nicht so.

Gretchen Hab ich dir eigentlich schon erzählt, dass ich ein neues Fahrrad bekomme?

Rosemarie Nein.

Gretchen Ich bin doch gestern mit deä Opa spazieren gegangen und da hat Opa sich zwischendurch so einen Grashalm in den Mund gesteckt

Rosemarie Ja und?

Gretchen Papa hat gesagt: Wenn der Opa ins Gras beißt, bekomme ich ein neues Fahrrad.

Szene 7

Matthes Sagt mal Kinder, wie läuft es denn so in der Schule?

Gretchen Ganz gut.

Rosemarie	Ja, ich bin die Klassenbeste. Und unsere Lehrerin, Frau Bohnen, ist ganz stolz auf mich, weil ich immer alles weiß.
Mariechen	Ach, das Böhnchen ist stolz auf dich, weil du alles weißt? Dann stelle ich dir jetzt mal eine Frage.
Drickes	Genau. Wenn Madame Stronzbüül hier schon so angibt.
Rosemarie	Ich weiß bestimmt mehr, als wies du!
Matthes	Haha, da hat das Kind recht. Das glaube ich allerdings auch.
Drickes	Jetzt reicht es aber.
Mariechen	Ruhe jetzt! Was ist denn eigentlich ene „Tuunköning?"
Rosemarie	Häh?
Mariechen	Ene Tuunköning - ein Zaunkönig?
Rosemarie	Ach, das ist irgend so ein blöder Fisch.
Drickes	Und? Stimmt das?
Mariechen	Mmmhh, in meinem Buch steht aber, der Zaunkönig hüpft von Ast zu Ast.
Rosemarie	Da siehst du mal, wie blöd der Fisch ist.

Gretchen	Genau! Es gibt nämlich auch fliegende Fische.
Rosemarie	Apropos Fisch, ich glaube ja, dass meine Fisch-Laterne die schönste ist.
Gretchen	Hä, von wegen. Ich bekomme bestimmt den Preis.

Szene 8

Matthes	Aber, weil wir gerade von der Schule gesprochen haben: Die Viersener bauen jetzt oben auf dem Hohen Busch eine neue Schule.
Drickes	Warum das denn?
Matthes	Damit sie auch mal auf eine höhere Schule gehen können.

Szene 9

(Polizist Boeken kommt)

Schlippes	Oh weia, da kommt die Staatsgewalt.
Boeken	Taach, zusammen.
Drickes	Tach, Herr Oberwachtmeister.
Matthes	Tach, auch.
Boeken	Und? Kommt ihr klar hier?

Schlippes	Ja, sicher. Es ist schon so gut wie alles abgesperrt.
Boeken	So gehört sich das auch.
Mariechen	Möchtest du schon was zu trinken?
Boeken	Nein, vielen Dank, aber ich bin ja im Dienst.
Drickes	Seit wann nimmst du denn darauf Rücksicht?
Mariechen	Aber ihr wisst doch, man soll viel trinken. So jeden Tag drei Liter.
Boeken	Mach ich ja. Wenn ich am Samstag in der Kneipe bin, trinke ich immer für die ganze Woche vor.

Szene 10

Matthes	Möchtest du denn vielleicht einen Teller Martinikost?
Boeken	Nein, ich habe nicht viel Zeit. Ich muss gleich noch mal schnell weg.
Matthes	Ach, dann nehmt doch etwas von unsere Flöns, der muss nämlich auch schnell weg.
Drickes	Ist der schon wieder verdorben? Dann nehme ich kein Stück mehr.
Mariechen	Wollt ihr wirklich nichts essen?

Boeken	Nein, ehrlich nicht. Ich hatte eben schon ein 7-Gänge-Menü.
Drickes	Was ist denn ein 7-Gänge-Menü?
Boeken	Eine Frikadelle und sechs Pils.

Szene 11

Mariechen	Habt ihr den Bankräuber eigentlich mittlerweile gefangen?
Boeken	Deä ös mich du-er de Lappe jejange, aber wir haben eine ganz heiße Spur.
Drickes	Was denn für ein Banküberfall?
Mariechen	Wie? Weißt du das nicht? Heute Morgen hat ein Bankräuber die Bank ausgeraubt, wo ich gerade am Schalter stand. Und beim Rauslaufen hat er seine Maske abgezogen. Dann hat er bemerkt, dass ein junger Mann ihn angeguckt hat. Da hat der seine Maske wieder angezogen, ist zu dem jungen Mann hin und hat ihn gefragt: Haben sie mich gesehen und erkannt?
Drickes	Und?
Mariechen	Als der junge Mann genickt hat, hat der Räuber den erschossen. Und dann ist der weitergelaufen und hat ein Ehepaar bemerkt. Hat der die Beiden auch gefragt: Haben sie mein Gesicht gesehen?

Drickes	Ja, und?
Mariechen	Hat der Mann gesagt: Ich nicht, aber meine Ehefrau.

Szene 12

Boeken	Sag mal, Drickes, war euer erster Vorsitzender schon hier?
Drickes	Nein, der müsste aber jeden Moment kommen, warum denn?
Boeken	Ich müsste mit ihm noch was Wichtiges besprechen. Und zwar über den Zugweg.
Drickes	Aber das kannst du doch auch mit mir besprechen, ich bin doch auch im Vorstand.
Boeken	Ich habe doch gesagt, es handelt sich um was Wichtiges.
Drickes	Wie soll ich das denn jetzt verstehen?
Boeken	Am besten gar nicht.

Szene 13

Boeken	Soll ich euch mal einen Witz erzählen?
Mariechen	Oh ja.
Boeken	Nein, das ist ein Männerwitz.

Drickes	Also, Frauen und Kinder zurücktreten. Schlippes kümmere dich mal darum.
Matthes	So, schieß los!
Boeken	Kommt ein Geschäftsmann in ein Freudenhaus.
Drickes	Oh weia, sind die Kinder auch weg? Kleen Döppes habbe jru-ete U-ere.
Boeken	Ruhe jetzt. Kommt also ein Geschäftsmann in ein Freudenhaus und sagt zu der Chefin: Ich möchte gern die hässlichste Frau, die sie hier haben, einen kalten Hackbraten, und drei Glas lauwarme Bier. Ich zahle dafür 200 Mark.
Matthes	Wieso denn die hässlichste Frau?
Drickes	Und wieso denn kalten Hackbraten und drei lauwarme Bier?
Boeken	Ja, das hat die Chefin ihn auch gefragt. Hat sie gesagt: Lieber Mann, für so viel Geld kriegen sie hier mein schönstes Mädchen.
Drickes	Genau!
Boeken	Hat der Mann geantwortet: Jute Frau, ich will mich hier nicht wohlfühlen, ich habe Heimweh.

Szene 14

Drickes Übrigens, Herr Wachtmeister, ich habe die Penner verscheucht, die an der Kirche rumlungerten. Eigentlich ist das ja ihre Aufgabe.

Boeken Ich kann ja nicht überall sein.

Drickes Das waren drei Stück und die haben richtig viel Geld eingenommen.

Boeken Wie das denn?

Drickes Der Erste hatte ein Schild, da stand drauf: Bin arbeitslos, dem haben die Leute insgesamt fünf Mark gespendet.
Der Zweite hatte ein Schild, da stand drauf: Bin arbeitslos und habe Frau und Kinder, dem haben die Leute sogar zehn Mark gespendet.

Boeken Und der Dritte?

Drickes Der hatte über Einhundert Mark in seinem Hut.

Matthes Boah, hatte er auch ein Schild?

Drickes Ja, da stand drauf: Komme aus Viersen und möchte wieder zurück.

Szene 15

Mariechen Den einen davon habe ich gesehen, der war auch noch unverschämt.

Boeken	Wieso das denn?
Matthes	Als wir aus der Kirche kamen haben wir ihm 20-Pfennige in den Hut geschmissen, da hat der sich vielleicht aufgeregt, warum wir dem nur 20-Pfennige in den Hut schmeißen, früher hätten wir immer 50-Pfennige gegeben.
Mariechen	Habe ich gesagt: Mehr geht nicht, wir müssen das Geld sparen, weil unser Sohn demnächst studieren geht.
Matthes	Da sagt der Penner doch tatsächlich: Finden sie das eigentlich gut, dass ihr Sohn auf meine Kosten studieren geht?

Szene 16

Mariechen	Ich fand es übrigens gut, dass sie gestern nix gesagt haben.
Boeken	Ach, das war doch selbstverständlich.
Drickes	Was war denn gestern Abend?
Mariechen	Da kam ein Viersener in unsere Kneipe, erzählt einen ganz blöden Witz über Dülken, merkt dann, dass hier nur Dülkener sind und wollte abhauen.
Drickes	Ja, und?
Matthes	Wir haben den festgehalten und mit dem gewürfelt.

Drickes	Gewürfelt? Welches Spiel denn?
Matthes	Bei 1,2,3,4,5 bekam er eins auf die Fresse.
Drickes	Und was war, wenn der ein 6 gewürfelt hat?
Matthes	Dann durfte der noch mal.
Boeken	So, ich geh jetzt noch mal kontrollieren, ob alles für den Zug und das Feuerwerk klar ist.

Szene 17

(Rosemarie und Gretchen sind wieder da)

Rosemarie	Ach, guckt mal, da kommt ja unser Fräulein Bohnen.
Gretchen	Das ist unsere Lehrerin.
Matthes	Tach, Frau Bohnen. Nehmen Sie doch bitte Platz.
Bohnen	Guten Abend, zusammen. Wie ich sehe, füllt sich der Alte Markt so langsam.
Drickes	Ja, es werden aber noch jede Menge Leute erwartet.
Mariechen	Frau Bohnen, möchten Sie etwas trinken?
Bohnen	Ja, gerne einen Glühwein.

Mariechen	Sag mal, die guckt so komisch. Hat sie ein Glasauge?
Matthes	Nein, hat sie nicht.
Mariechen	Ich dachte schon.
Drickes	Aus was für einem Material ist denn überhaupt so ein Glasauge?
Matthes	Aus Glas natürlich.
Drickes	Eigentlich ja auch klar, ne? Sonst könnte man ja nix dadurch sehen.

Szene 18

Drickes	Ist die ohne Mann unterwegs?
Matthes	Soweit ich weiß, ja.
Bohnen	Ja, ich bin schon viele Jahre nicht mehr verheiratet. Mein Mann ist 8 Tage nach unserer Hochzeit gestorben.
Matthes	Och, dann hat er ja nicht lang gelitten.
Mariechen	Bitte sehr, hier ist der Glühwein. Und Matthes, du hörst auf mit die Spirenzkes, vergraul uns nicht die Gäste.

Szene 19

Drickes	Frau Bohnen, haben Sie denn Lust, gleich die schönste Laterne mit auszusuchen? Wir bräuchten noch eine Frau in der Jury.
Bohnen	Ach, das ist aber nett. Ja sicher, das mach ich gerne. Wer gehört denn noch zur Jury?
Drickes	Ich natürlich, sie schönes Fräulein und unser erster Vorsitzender vom Martinsverein.
Bohnen	Den Vorsitzenden vom Martinsverein kenne ich, da kommt gerade seine Frau.

Szene 20

(Leni Wüllenweber stolziert heran)

Leni	Guten Abend, zusammen.
Alle	Guten Abend.
Matthes	Die ist aber dick.
Drickes	Ja.
Matthes	Sie ist bestimmt deshalb so dick, weil sie ein zusätzliches Gen hat.
Drickes	Ein zusätzliches Gen?
Matthes	Ja, das An-den-Kühlschrank-Gen.

Drickes	Haha, ich habe schon gedacht, sie hätte das Fass von Tien Anton unter ihrem Rock.
Matthes	Auf was für Frauen stehst du denn eigentlich? Ich mag ja ein breites Spektrum an Frauen.
Drickes	Ich mag es auch, wenn etwas Speck drum rum ist.
Matthes	Ja, so ein wenig Möönevett ist gar nicht schlecht.
Drickes	Oder vielleicht ist sie ja auch gar nicht dick. Ich glaube, sie hat Ganzkörpermumps.

Szene 21

Matthes	Frau Wüllenweber, kommt euer Mann auch bald?
Leni	Ja, er ist unterwegs und müsste jeden Moment hier sein
Mariechen	Darf ich ihnen etwas bringen? Vielleicht einige Nonnenfürzkes?
Leni	Nee, keine Mutzen, ich hätte gerne einen Teller Martinikost.
Mariechen	Bring ich gleich.
Drickes	Warum ist er denn noch nicht hier, ist etwas passiert?

Leni	Nein, er bringt die Mühle mit, die gleich vor- neweg gezogen wird.
Drickes	Ach so. Schlippes hast du gehört? Der erste Vorsitzende bringt die Mühle mit, die du zie- hen sollst.
Schlippes	Ja, ja.

Szene 22

Leni	Na, Frau Bohnen, wie geht es? Was machen die Kinder in der Schule?
Bohnen	Ach, die Blaagen von heute sind schon anders als früher.
Leni	Ja, und wie macht sich das bemerkbar?
Bohnen	Mittlerweile raucht doch schon jeder dritte Zehnjährige.
Leni	Ach du meine Güte, jeder dritte?
Bohnen	Ja, und der Rest ist zu besoffen, um die Pa- ckung aufzukriegen.

Szene 23

Leni	Na gut, dass das nicht auf unseren Sohn Fritz zutrifft.

Bohnen	Ach, der Fritz, der war doch bei mir in der Schule. Er müsste doch nun schon richtig groß sein, oder?
Leni	Genau! Und dann haben wir ja noch einen kleinen Sohn bekommen, der ist aber erst drei Wochen alt und zu Haus bei der Oma.
Bohnen	Oh, dann ist er ja gerade erst auf der Welt. War der Vater denn bei der Geburt dabei?
Leni	Um Himmels willen! Nein, nein. Mein Mann versteht sich nämlich überhaupt nicht mit dem.

Szene 24

(Didi und Fritzchen ziehen die Mühle)

Zwillinge	Da kommt die Mühle.
Drickes	Da ist er ja endlich: unser erster Vorsitzender.
Didi	Wir mussten ja noch die Mühle holen.
Fritzchen	Genau! Die ist schön ne, und guck mal, ich habe auch noch eine Laterne dabei. Damit gewinne ich bestimmt einen Preis.
Rosemarie	Meine ist aber viel schöner, bäh!
Gretchen	Und meine erst, bäh!
Fritzchen	Dafür ist mein Papa aber in der Jury, bäh!

Szene 25

Drickes	Sag mal, Didi, was hast du denn da am Auge? Das ist ja ganz rot.
Didi	Ach, das hat mir meine Frau vorgestern verpasst
Drickes	Deine Frau? Ich dachte, sie wollte über das Wochenende wegfahren, zu einer Freundin.
Didi	Ja, das war ja mein Fehler. Das habe ich ja auch gedacht.

Szene 26

Matthes	Man soll ja auch keinen Blödsinn machen. Möchtest du etwas trinken, bevor es losgeht?
Didi	Ja, ein Glühwein wäre nicht schlecht. Da sitzt ja meine Allerliebste schon. Hallo, Schätzeken! Ihr könnt euch das ja gar nicht vorstellen, wie die mich am Wochenende zur Sau gemacht hat.
Drickes	War es so schlimm?

Didi	Noch viel schlimmer. Als ich Samstagnacht aus der Kneipe nach Hause kam und schon fast im Bett bin, schreit die mich auf einmal an: Musst du immer so einen Krach machen? Du weckst noch alle Kinder auf. Habe ich geantwortet: Jetzt stell dich mal nicht so an. Meine Schuhe sind doch nur umgefallen.
Drickes	Aber das macht doch nicht so einen Krach.
Didi	Siehst du, genau das hat meine Frau auch gesagt.
Drickes	Ja, und?
Didi	Ja sicher macht das so einen Krach! Ich stand ja noch da drin.

Szene 27

Drickes	Sowas Ähnliches ist mir auch schon passiert. Ich bin mal besoffen nach Hause gekommen, da stand meine Frau plötzlich vor mir, schüttelte nur noch den Kopf und sagte: Dass du mir überhaupt noch ins Gesicht gucken kannst.
Didi	Mmhhh.

Drickes	Und da habe ich gesagt: Och, weißt du, man gewöhnt sich an alles. Aber das werde ich nun wieder gut machen. Ich möchte meiner Frau einen BH kaufen. Was meinst du, Didi, lieber Körbchengröße A, wie Apfel oder Körbchengröße B, wie Birne?
Didi	Kauf doch Größe F, wie Fallobst!

Szene 28

Matthes	Dein Junge ist aber auch schon richtig groß. Geht der schon in die Lehre?
Didi	Nein, der kommt auf seine Mutter. Der ist strohdumm und stinkefaul.
Fritzchen	Aber dafür bin ich gut im Sport. Ich bin jetzt Stadtmeister im Hammerwerfen geworden.
Matthes	Wie das denn?
Fritzchen	Ja, die hatten mir beim Sportfest den Hammer in die Hand gedrückt und da habe ich neuen Rekord geschmissen.
Matthes	Konntest du das denn schon immer gut?
Fritzchen	Nein, aber meine Opa, der ist ja arbeitslos, ne? Und er hat immer zu mir gesagt: Jung, wenn sie dir irgendwann mal einen Hammer in die Hand drücken, dann wirf den soweit du kannst.

Szene 29

Leni	Wie siehst du überhaupt aus? Dreckig wie ein Ferkel.
Fritzchen	Ich bin hingefallen.
Leni	Und das mit der neuen Hose.
Fritzchen	Ja, umziehen konnte ich mich in dem Moment nicht mehr.

Szene 30

Fritzchen	Ach, guck mal Papa. Da sitzt ja auch meine frühere Lehrerin, die Frau Bohnen.
Didi	Das war auch schon meine und Drickes Lehrerin. Ne, was haben wir die zum Narren gehalten.
Drickes	Da stand doch immer ein Schild vor der Schule, für die Autofahrer.
Didi	Da stand drauf: Überfahren sie die Kinder nicht!
Drickes	Und da haben wir drunter geschrieben: Warten sie lieber auf die Lehrer! Haha, oder weißt du noch die eine Sache im Biologieunterricht? Da hast du vielleicht Ärger bekommen.
Matthes	Was war denn da?

Didi	Och, wir haben ein Experiment gemacht, mit Fröschen.
Matthes	Wie das denn?
Didi	Ich habe einen Frosch genommen und gerufen: Frosch hüpf! Frosch hüpf! Und dann ist der Frosch 2 Meter weit gesprungen.
Drickes	Und das haben wir in so ein Experimentierbuch eingetragen, Frosch mit 2 Beinen hüpft 2 Meter weit.
Didi	Und danach haben wir dem Frosch dann ein Beinchen ausgerissen und dann habe ich wieder gerufen: Frosch hüpf! Frosch hüpf! Und dann ist der Frosch 1 Meter weit gehüpft.
Drickes	Das haben wir dann auch wieder notiert: Frosch mit einem Bein, hüpft einen Meter weit.
Didi	Ja, und dann haben wir ihm das andere Beinchen auch noch ausgerissen, und wieder gerufen: Frosch hüpf! Frosch hüpf!
Matthes	Und dann?
Drickes	Nix! Der hat sich nicht bewegt.
Didi	Da haben wir in das Heft geschrieben: Frosch ohne Beine, hört schlecht.
Fritzchen	Papa, wann geht der Zug denn endlich los?

Zwillinge	Ja, wann geht es endlich los?
Schlippes	Sobald die Kapelle da ist, Kinder!

Szene 31

(Das Bürgermeisterpaar erscheint)

Schlippes	Da kommt der Bürgermeister, samt Gattin. Tach, zusammen.
Alle	Guten Abend, Frau Bürgermeistergattin, Herr Bürgermeister.

Bürgermeisterpaar Guten Abend, zusammen!

Herr Voss	Guck mal Schatzi, das ist aber wieder eine schöne Mühle.
Frau Voss	Ja, wunderschön. Ich freue mich ja so auf das Feuerwerk gleich. Hhmmm, drehen sich da auch die Flügel?
Matthes	Wenn Sie genug von unserem Glühwein trinken, dreht sich an der Mühle alles.

Szene 33

Herr Voss	Habt ihr schon gehört? Der Viersener Bürgermeister ist entführt worden. Die Entführer fordern 10.000 Mark Lösegeld oder sie tun dem Bürgermeister was an.
Frau Voss	Und deshalb wird jetzt überall gesammelt.

Didi	Und was geben die Leute so?
Herr Voss	Na ja, so ein bis zwei Patronen.
Mariechen	Möchten Sie einen Glühwein trinken?
Herr Voss	Schatzi, möchtest du was trinken?
Frau Voss	Ich weiß nicht, ich bin sowieso zu dick. Guck doch mal, ich habe einen richtigen Punschbauch
Herr Voss	Schatz, du bist nicht zu dick und das heißt nicht Punschbauch, sondern Plunschbauch.
Frau Voss	Ach so.
Herr Voss	Was ist denn jetzt? Möchtest du was trinken oder nicht?
Frau Voss	Na gut, dann trinke ich einen Plunsch.

Szene 34

Fritzchen	Guckt mal, da ist der Bürgermeister.
Rosemarie	Die sehen aber aufgedonnert aus.
Gretchen	Vor allem die Frau.
Fritzchen	Ich glaube, noch einen trockenen Sommer und die Alte ist weg vom Fenster.

Gretchen	Und ich glaube, der Bürgermeister hat ein Blasenleiden.
Rosemarie	Wieso kommst du denn da drauf?
Gretchen	Der hat so einen verrosteten Reißverschluss.
Rosemarie	Die sehen aber nach Wohlstand aus?
Gretchen	Wat bedeutet denn Wohlstand?
Rosemarie	Sekt, Kaviar und schöne Weiber.
Fritzchen	Aha, und was ist dann Armut?
Rosemarie	Bier, Leberwurst und deine Mutter.

Szene 35

Matthes	So Kinder, jetzt macht mal Platz hier.
Mariechen	Herr Bürgermeister, Frau Bürgermeistergattin, hier ist der Glühwein.
Frau Voss	Dankeschön! Hmm, der schmeckt aber lecker.
Mariechen	Ich muss euch mal was fragen, Frau Bürgermeisterin.
Frau Voss	Ja sicher, was hast du denn?

Mariechen	Ihr habt doch immer euren Frauenstammtisch hier bei uns in der Wirtschaft und jetzt habe ich gehört, dass es nach dem letzten Stammtisch richtig Ärger bei euch zu Hause gegeben hat.
Frau Voss	Ja, das stimmt leider. Der Haussegen hängt immer noch etwas schief.
Mariechen	Warum denn?
Frau Voss	Ach, bei unserer Stammtischrunde hatte die Lisbeth zu viel getrunken und sagte: Wenn ich meinem Mann, den Karl Heinz an den Hintern packe, dann ist der Hintern immer ganz kalt.
Mariechen	Aha.
Frau Voss	Und dann hat die Fine gesagt: Wenn ich meinem Adolf an den Hintern packe, dann ist der auch immer ganz kalt.
Mariechen	Ja, und?
Frau Voss	Ja, als ich dann abends zu Hause war, habe ich das bei meinem Mann hier auch überprüft und habe zu ihm gesagt: Boah, du hast genauso eine kalte Futt wie der Karl-Heinz und der Adolf.
Mariechen	Das musste ja Ärger geben.

Szene 36

Frau Voss   Aber bei Euch ist es immer noch harmonisch. Ihr seid doch auch schon lang verheiratet. Wie schafft ihr das denn?

Mariechen   Och, das ist einfach. Damit eine Beziehung gut funktioniert, gibt es vier Geheimnisse.

Frau Voss   Vier Geheimnisse? Welche denn?

Mariechen   1. Es ist wichtig, einen Mann zu finden, der im Haushalt mithilft, der von Zeit zu Zeit kocht und aufräumt.
2. Es ist wichtig, einen Mann zu finden, der dich zum Lachen bringt und dich nicht anlügt.

Frau Voss   Ja, das find ich auch wichtig.

Mariechen   3. Es ist wichtig, einen Mann zu finden, der gut im Bett ist und der gerne Sex mit dir hat.

Frau Voss   Huhhh, das hört sich guuut an. Und was noch?

Mariechen   4. Und das ist das allerwichtigste: Es ist ganz, ganz wichtig, dass sich diese 3 Männer nicht kennen.

Frau Voss   Da könnte was dran sein.

Szene 37

Mariechen	Hör mal, wo ist eigentlich der schöne neue Schal, den du gestern anhattest?
Frau Voss	Ach, den habe ich zurückgebracht, der war mir zu eng.

Szene 38

Drickes	Mariechen, könnte ich noch was zu trinken haben?
Didi	Gibst du einen aus, Drickes?
Drickes	Nein!
Didi	Der össe so naat, dem rostet der Schlueetel in de Hosentaesch. Sag mal bitte, warum ist der Drickes gestern eigentlich den ganzen Tag hier oben auf dem Dach herumgeklettert?
Mariechen	Ach so, das war, weil ich gesagt habe: Die nächste Runde geht auf's Haus.

Szene 39

Matthes	Wo ist denn überhaupt deine Frau, Drickes?
Drickes	Die kann nicht kommen, sie hatte einen Fahrradunfall.
Matthes	Wie entsetzlich!

Drickes	Ja, die ist über den Lenker und patsch auf ihr Gesicht gefallen.
Didi	Wie entsetzlich!
Drickes	Ja, aber sie hat einen sehr guten Chirurgen gefunden und der hat sie operiert und jetzt sieht sie wieder aus wie vorher.
Didi und Matthes	Wie entsetzlich!

Szene 40

Drickes	Haha, aber ich weiß noch ganz genau, wie du davon erzählt hast, als deine Frau damals beim Schönheitschirurgen war und gefragt hat, ob er sie verschönern könnte.
Matthes	Hat ja wohl nix gebracht.
Didi	Nein, er hat ja auch nichts gemacht. Er hat zu ihr gesagt: Tut mir leid, aber Enthauptungen sind per Gesetz verboten.

Szene 41

Bohnen	Fritzchen, komm doch mal zu mir.
Fritzchen	Was will die denn jetzt?
Didi:	Nun geh schon, wenn Frau Lehrerin dich ruft.
Bohnen	Na Fritz, warum hast du denn noch keine Lehrstelle?

Fritzchen	Bis jetzt habe ich noch nichts gefunden. Die sagen alle, ich sei zu dumm.
Bohnen	Dabei war er gar kein schlechter Schüler.
Frau Voss	Dann testen wir den doch mal.
Leni	Machen sie das nur. Das ist ein kluger Junge.
Frau Voss	Gut! Fritzchen, nenne mir doch mal bitte die vier Elemente.
Fritzchen	Das ist doch einfach: Feuer, Wasser, Erde, und Bier.
Frau Voss	Wie bitte, Bier?
Fritzchen	Ja, immer wenn der Papa Bier trinkt, sagt die Mama: Jetzt ist er wieder in seinem Element.
Leni	Nun aber Schluss, geh wieder spielen!

Szene 42

Fritzchen	Kommst du nach dem Martinszug noch was spielen?
Rosemarie	Nein, ich muss noch zum Sport.
Fritzchen	Was machst du denn da?
Rosemarie	Ich mache Bauch, Beine, Po.

Fritzchen	Aber da hast du doch schon genug von, mach doch mal was Brust.

Szene 43

Gretchen	Ich bin heute in der Schule gelobt worden.
Bohnen	Ach ja?
Gretchen	Ja, der Lehrer hat gesagt: Ihr seid alles Dummköpfe, aber ich wäre der Größte!
Herr Voss	Wer war denn der schlechteste Schüler den Sie je hatten, Frau Bohnen?
Bohnen	Das darf ich nicht sagen.
Herr Voss	Och, kommen Sie.
Matthes	Wir sind doch unter uns.
Bohnen	Das war Drickes.

(Alle lachen)

Szene 44

Drickes	Das hat sich aber geändert, Frau Bohnen, ich bin viel „intellenter" geworden mit der Zeit: Ihr könnt mich ja auch mal fragen, was ihr wollt.
Didi	Na dann: Was schwimmt auf dem Wasser und fängt mit Z an?

Drickes	Das weiß ich nicht.
Didi	Zwei Enten.
Drickes	Mein Fachgebiet ist eher der Fußball.
Herr Voss	Na gut: Wie viele Maschen hat ein Tornetz?
Drickes	Lasst es mal gut sein, ihr haltet mich doch nur vüer deä Jeck.

Szene 45

Frau Voss	Ich habe sie letztens mit einem Hund gesehen. Was war das für einer?
Leni	Das ist ein Bernhardwiner.
Frau Voss	Sie meinen sicher einen Bernhardiner.
Leni	Ja, ja!
Frau Voss	Was kann der denn?
Leni	Gar nichts. Der liegt den ganzen Tag herum und sabbert die Couch voll.
Frau Voss	Das kenne ich, das macht mein Mann auch.
Herr Voss	Erzähl doch nicht so einen Blödsinn.

Szene 46

Drickes   Hör mal Didi, stimmt es, dass deine Frau dir zum Geburtstag einen Tag im Striplokal geschenkt hat und dann auch noch mitgekommen ist?

Didi   Das stimmt, aber erinnere mich bitte nicht daran.

Matthes   Was war denn? Das würde mich ja jetzt interessieren.

Didi   Das fing schon an der Tür vom Striplokal an. Da sagte der Türsteher: Hallo Didi, schön dich zu sehen.

Drickes   Oh, oh, und was hat deine Frau dazu gesagt?

Didi   Sie hat nur geguckt und da habe ich ihr gesagt: Den kenne ich vom Vorbeigehen.
Drinnen kam dann die Kellnerin und meinte: Na Didi, wie immer ein Bier?

Matthes   Oh weia.

Didi   Habe ich zu meiner Frau gesagt: Die kenne ich von einer Fortbildung.
Dann kam eine Tänzerin zu mir und sagt: Hallo Didi, wie immer für dich den gleichen Tanz?

Drickes   Oh, oh.

Didi	Habe ich zu meiner Frau gesagt: Sie war mal bei Drickes auf dem Geburtstag, daher kenne ich die.
Drickes	Was hast du?
Didi	Ja, ich musste doch auf die Schnelle irgendwas sagen, aber es hat schon nichts mehr genutzt. Meine Frau ist aufgestanden, rausgelaufen und hat sich in ein Taxi gesetzt.
Matthes	Ja und dann?
Didi	Ich habe natürlich gerufen: Schatzi, es ist nicht so wie du denkst. Und dann habe ich mich auch in das Taxi gesetzt. Da dreht der Taxifahrer sich um und sagt: Hallo Didi, heute nimmst du dir aber mal 'ne richtige Schlampe mit.
Matthes	Und du lebst noch?
Didi	Ja, aber mehr schlecht als recht, ich darf nix mehr.

Szene 47

Kinder	Guckt mal, da kommt der Sankt Martin.
Drickes	Was denn für ein Sankt Martin?
Didi	Wir haben hier in Dülken keinen Sankt Martin, wir ziehen unsere Mühle.

Gretchen	Wirklich, der kommt da hinten.
Rosemarie	Und ein alter Mann ist auch dabei.
Fritzchen	Das ist ein Bettler, du Doof.

Szene 48

Kaisers	Guten Abend, sind wir zu spät?
Didi	Wie, seid ihr zu spät? Ihr seid verkehrt!
Drickes	Wir brauchen hier keinen St. Martin.
Didi	So einen dicken St Martin habe ich noch nie gesehen,
Drickes	Der hat bestimmt sein Pferd ganz alleine aufgegessen.
Genenger	Mir ist so kalt, eine kleine Spende bitte.
Didi	Ja, habt ihr sie eigentlich noch alle? Was wollt ihr hier?
Kaisers	Wir haben gedacht, wir bringen den Dülkenern mal etwas Kultur bei. Ein Martinszug ohne St. Martin ist doch nichts, das gibt es sonst nirgendwo.
Drickes	Was ist los? Mal nicht so vorlaut!
Didi	Wer seid ihr Heggeströpper denn überhaupt?

Kaisers	Gestatten, Kommerzienrat Kaisers, der Sauerbrei ist krank.
Genenger	Gestatten, Genenger.
Alle	Hoop und Hölp, Vierscher!
Matthes	Das ist ja ein Anschlag auf unser Dülkener Brauchtum!

Szene 49

(Didi und Drickes halten den St. Martin fest)

Kaisers	Lassen sie mich los!

(Matthes hält den Bettler fest)

Matthes	Das ist übrigens der Bettler von heute Morgen, mit dem Schild aus Viersen.
Genenger	Loslassen, wir verschwinden ja.
Didi	Wo ist denn unser Wachtmeister? Wenn man ihn braucht, ist er nicht da.

Szene 50

(Polizist Boeken kommt angelaufen)

Drickes	Da kommt er ja. Nehmen sie die beiden fest. Sie wollen doch tatsächlich unseren Martinszug verändern.

Boeken	Stimmt das?
Kaisers	Ein richtiger Martinszug benötigt doch einen St. Martin.
Boeken	Ich glaube, die haben nicht alle Suppenschüsseln in der Vitrine.
Didi	Das sind ja auch Vierscher!
Boeken	Ich nehme sie erst einmal fest und klär mal ab, was der Quatsch soll.
Matthes	Eingesperrt gehören die!
Drickes	Genau, für immer! Oder noch besser, Lebenslänglich!
Didi	Wir lassen uns doch durch zwei Mispellutscher nicht der Zemeärteszogh versauen.

Szene 51

Drickes	Dass aber die Kapelle auch noch nicht da ist...
Bohnen	Meine Herren, was halten Sie denn davon, wenn wir die Laternen jetzt bewerten?
Drickes	Nein, das machen wir doch immer nach dem Zemeärteszogh, bei Katrinchen, in der Wirtschaft. Da haben wir mehr Ruhe.

Szene 52

Didi   Ich könnte ja nach der ganzen Aufregung ein
              Liedchen zur Beruhigung singen, bis die Ka-
              pelle kommt.

Matthes   Ja, mach das, das wäre schön.

Didi singt
Du bist die Stadt

(Kapelle erscheint)

Drickes   Na endlich, da sind sie ja. Dann mal los.

(Kapelle spielt Loop Müller loop!)

Loop, Möller loop!

Sääk Jong, haan mich dat Päerd ens aan,
Loop, Möller, loop!
Ich mott ens na de Müehle joan,
Loop, Möller, loop!
Onn du löpps, wi du löpps,
Follemente möt dö Schöpp,
Schopp on Schüer üeverhoop,
Loop, Möller, loop!

Hei breng ich uech däe Haversock,
Loop, Möller, loop!
Däe sollt oer mich ens mahle strock,
Loop, Möller, loop!

Onn du löpps, wi du löpps…

Onn Koare hab ich ooch jebreit,
Loop, Möller, loop!
Dat hadd oer mich joa letz jeseit,
Loop, Möller, loop!
Onn du löpps, wi du löpps…

Dör Bockert däe kömp morje noch,
Loop, Möller, loop!
Dä öss vör osse Verkesdroag,
Loop, Möller, loop!
Onn du löpps, wi du löpps…

Döer Weet däe loag all lang parat,
Loop, Möller, loop!
Häe woar alluter noch te schad,
Loop, Möller, loop!
Onn du löpps, wi du löpps…

Nou molter mich mar nett te strang,
Loop, Möller, loop!
Dat ich uech rekommandeiere kann.
Loop, Möller, loop!
Onn du löpps, wi du löpps…

Legende:
Follemente, von dem franz. Adverb follement- töricht, dumm
Molter, von dem franz. Verb moudre – mahlen
Rekommandeiere, von dem franz. Verb recommander –
empfehlen
Quelle: Dülkener St. Martinsvereinsarchiv

„Feuerwehrball 1899 10 Jahre Freiwillige Feuerwehr"

Bühnenstück
Einakter
von André Schmitz

Beschreibung:

Das zentrale Thema spielt in diesem Jahr die freiwillige Feuerwehr.

Die Erzeugung und Bewahrung des Feuers stellt einen der entscheidenden Schritte in der kulturellen Entwicklungsgeschichte des Menschen dar.
Mittlerweile ist längst wissenschaftlich belegt, dass es ein Dülkener war, der vor vielen Jahrtausenden das Feuer als Erster entdeckte. Leider kam es wie es kommen musste und ein Viersener verbrannte sich die Finger. So lernte man auch die Schrecken kennen, die das Feuer bringen kann. Und um diese schlimmen Folgen zu vermeiden, bildete sich die Feuerwehr.

Tatü Tata, die Feuerwehr ist da, diesen Reim kennt jedes Kind. Dass dieser Spruch auch für Dülken zutrifft hat folgenden Hintergrund:
Im März 1882 erließ die Regierung in Düsseldorf eine Brandordnung. Angeordnet wurde unter anderem eine gleichmäßige Regelung des Feuerlöschwesens. Als besonders wünschenswert wurde in dieser neuen Brandordnung die Bildung Freiwilliger Feuerwehren hervorgehoben.
Die Freiwillige Feuerwehr Dülken wurde im Jahre 1889 gegründet und feierte 1899 ihr zehnjähriges Bestehen. Wie diese Feier sich damals abgespielt haben könnte, lesen Sie im Aat Dölker Stöckske „Feuerwehrball 1899".

Bühnenbild:

Das festliche mit Girlanden usw. ausgestattete Feuerwehr-gerätehaus/Spritzenhaus ist zu sehen. Ebenso eine Rutschstange für die Feuerwehrleute. Im Hintergrund erkennt man die Silhouette der Stadt. Lange, geschmückte Tische. Bunte Girlanden. Ein kleiner Stand für die Ausgabe von Speis und Trank steht an der Seite.

Requisiten:

Ein Spritzenwagen, Schläuche, Löscheimer, Löschdecken, eine Handsirene, Besen, Geschirr, Blumentöpfe, bunte Tischdecken. Ein Samtkissen für Urkunden und Orden. Der Schutzpatron der Feuerwehr, die Figur des heiligen St. Florian, hängt an der Wand. Eine Gulaschkanone steht bereit. Ein Bierfass, welches im Spiel angeschlagen wird.

Schlusslied:

Hey Kölle-du ming Stadt am Rhing
Leicht umgetextet auf „Hey Dölke"

Erklärungen zur Dülkener Mundart:

Driit	Kot, Exkremente
Dem steht doch de Dommheet en öt Jese-it jeschrie-eve.	Dem ist die Dummheit ins Gesicht geschrieben
Staatse Keäl	Stattlicher Mann
Lott dr minne ma noa Huus komme.	Lass meinen (Mann) mal nach Hause kommen
Deä Plümmestriiker	Charmeur/Frauenversteher
Hüske	Toilette
Söllerjeet	Hagere Frau
Riifkook	Reibekuchen
Et legt net an dr Schwengel, wenn de Popmp kee Water jevt	Es liegt nicht am Schwengel, wenn die Pumpe kein Wasser gibt
Hoop und Hölp	Zu Hilfe
Röttbuur	Rött = Name, Buur = Bauer
Ommesöös	Umsonst/gratis
Vor die Pomp jesaust	Vor die Pumpe gerannt
Pongelsvolk	Verkommene Menschen

Es spielen:

Mariechen	Wirtin, Frau von Matthes
Drickes	Löschmeister
Herr Wüllenweber	Brandmeister
Schlippes	Feuerwehrmann
Matthes	Feuerwehrmann
Hansi	Feuerwehrmann
Frau Antwerpes	Klatschtante
Fritzchen	Sohn von Antwerpes
Herr Voss	Bürgermeister
Frau Voss	Ehefrau des Bürgermeisters
Herr Sauerbrei	Viersener Feuerwehrmann
Herr Genenger	Viersener Feuerwehrmann
Pfarrer	Kath. Pfarrer von St. Cornelius
Leni Wüllenweber	Ehefrau vom Brandmeister
Frau Scheinheilig	Haushälterin

Szene 1

(Vorhang öffnet sich. Schlippes rollt ein Bierfass auf die Bühne)

Schlippes   *(flucht)* Nä, nä, so 'ne Driit. Den schweren Kram muss ich immer schleppen und die anderen saufen das Fässchen leer.

(Drickes kommt mit Feuerwehrtypischen Gegenständen auf die Bühne und schaut sich hektisch um)

Drickes   Mein Gott, Schlippes. Hier ist ja noch gar nichts fertig. Gleich kommen all die Kameraden und die Girlanden hängen immer noch nicht an der Decke. Und die Halle muss auch noch gefegt werden.

Schlippes   Ist ja gut, Drickes. Stell dich bloß nicht so an.

Drickes   Was sagst du? Wir sind hier im Gerätehaus, also keine plumpen Vertraulichkeiten. Für dich immer noch „Löschmeister Drickes".

Schlippes   *(steht stramm)* Jawohl, Driitmeister Lösches, äh, Löschmeister Drickes.

Drickes   Es ist immer dasselbe mit dir. Wer ein guter Feuerwehrmann werden will, der muss vor allem Befehle zu meiner vollsten Zufriedenheit ausführen.

Schlippes   *(steht immer noch stramm)*
Jawohl, Herr Vorgesetzter. Mache ich!

Drickes	Und wo wir gerade dabei sind: Wie oft habe ich dir schon gesagt, ich mag das nicht, wenn du deinen Schnauzbart trägst, wie ich und Kaiser Wilhelm.
Schlippes	*(winkt ab)* Ja, ja. Ist ja gut.
Drickes	Ich habe dich auch beobachtet. Warum nimmst du eigentlich bei Einsätzen statt der Sauerstoffflasche immer vier Flaschen Bier mit?
Schlippes	*(steht wieder stramm)* Ach, das ist nur, weil mein Arzt gesagt hat: Wenn es heiß ist, soll ich viel trinken.

Szene 2

(Matthes und Mariechen betreten die Bühne und tragen Girlanden, Kerzenleuchter und Tischdecken herein)

Matthes und Mariechen	Tach, zusammen.
Matthes	Na Drickes, lässt du den Schlippes wieder stramm stehen?
Drickes	Ja, das mache ich. Aber ob es noch was nützt? Dem steht doch de Dommheet en öt Jese-it jeschrie-eve. Gut, dass ihr helfen kommt. Sonst werden wir hier gar nicht fertig.

Matthes	Das ist doch selbstverständlich, Herr Vorgesetzter. Wann hat man schon mal zehnjähriges Bestehen der Freiwilligen Feuerwehr und eine Beförderung zum Oberbrandmeister an einem Tag.

Szene 3

(Mariechen umgarnt Drickes)

Mariechen	Na, Herr Löschmeister. Örr sett äver ene staatse Keäl, in der Uniform.

Drickes (geschmeichelt)
Nicht wahr? Da hast du vollkommen recht, Mariechen. Entweder man ist für so eine Uniform geboren oder man ist es nicht.
(zeigt auf Schlippes)

Mariechen	Und einen sehr schönen Schnauzbart, habt Ihr ebenfalls.

Drickes	Danke! Selbst Kaiser Wilhelm trägt den so wie ich.

Mariechen	Eigentlich ist es schade, dass ihr heute nicht befördert werdet.

Drickes	*(schüttelt den Kopf)* Ich verstehe es auch nicht.

Matthes	Hör mal, Herr Löschmeister: Morgen soll ich mit meiner Frau zu meiner Schwiegermutter. Könnte ich deshalb morgen frei haben?

Drickes	*(rigoros)* Kommt überhaupt nicht in Frage.
Matthes	Danke Chef. Ich wusste, dass ich mich auf dich verlassen kann.

Szene 4

(Mariechen und Schlippes hängen Girlanden auf. Schlippes guckt Mariechen dabei unter den Rock)

Mariechen	Ich glaube, der Kerl hier braucht eine Abkühlung.
Matthes	Der Schlippes ist so doof, er könnte glatt aus Viersen sein.
Drickes	Ich lasse jetzt mal die anderen Kameraden antreten. Los, Schlippes, komm mit.

Szene 5

(Drickes und Schlippes verlassen die Bühne. Zwei weitere Feuerwehrfrauen kommen. Frau Antwerpes und Leni Wüllenweber bringen Salate, Kräuterbutter, Schnapsflaschen usw.)

Beide	Guten Tag, zusammen.
Matthes	Da seid ihr ja schon.
Antwerpes	Hier ist ja noch gar nichts los.
Leni	Komisch! Fertig mit Schmücken sind die ja auch noch nicht.

Antwerpes	Das verstehe ich gar nicht. Ob die ganzen Männer etwa immer noch an der Poalhött sind? Die löschen doch schon seit gestern dort.
Mariechen	Vermutlich ist das Feuer längst aus und die löschen nur noch den eigenen Durst.
Leni	*(drohend)* Wenn das stimmt – dann lott dr minne ma noa Huus komme.
Matthes	Wenn ich deiner wäre, käme ich gar nicht mehr nach Hause.
Antwerpes	*(zu Leni)* Sag mal, wie viele Familien wohnen eigentlich bei euch im Haus?
Leni	Mit uns, acht Familien. Warum?
Antwerpes	Deä Plümmestrieker bei euch aus dem Haus, du weißt doch wen ich meine, der im dritten Stock wohnt. Er hat erzählt, er hätte schon mit jeder Frau bei euch im Haus Liebe gemacht. Bis auf Eine.
Leni	Hmm. Das kann dann eigentlich nur die ein-gebildete Jansen aus der ersten Etage sein.

Matthes	Das wundert mich jetzt aber, die Jansen finde ich gut. Aber dich würde ich noch nicht mal mit einer Kneifzange anpacken. Aber jetzt schwätz hier nicht so lange herum, gib mir das Fleisch für die Gulaschkanone.

Szene 6

(Matthes kümmert sich um die Gulaschkanone. Die drei Frauen decken den Tisch, schälen Zwiebeln usw.)

Mariechen	*(zu Frau Antwerpes)* Oh, das ist aber mal ein schönes Muster auf der Kräuterbutter.
Antwerpes	*(kramt in der Tasche und holt eine Haarbürste hervor)* Ja. Das habe ich ja auch mit meiner neuen Haarbürste gemacht.
Mariechen	*(zu Leni)* Apropos Haare, sag mal warst du eigentlich beim Frisör für das Fest?
Leni	Ja, war ich.
Mariechen	Und wieso bist du dann nicht drangekommen?

Szene 7

(Fritzchen kommt singend auf die Bühne)

Matthes	Da schau an, da kommt dein Junge. Was will der denn hier?

Antwerpes	Ja, was willst du denn hier?
Fritzchen	Ich wollte nur mal gucken, wo ihr feiert.
Antwerpes	Ein Stündchen kannst du bleiben, aber dann muss es gut sein. Und mache hier bloß keinen Unsinn.
Leni	Das Blaag kenne ich. Der hat mich schon mal aufs Übelste beleidigt.
Antwerpes	*(zieht Fritzchen an den Ohren)* Stimmt das, Junge?
Fritzchen	Ich habe die Oma nur gefragt, wo fährst du denn mit dem schönen Rad hin? Und dann hat sie gesagt, ich fahr zum Friedhof.
Antwerpes	Das war alles? Das ist doch nicht schlimm.
Leni	Nein, das war nicht alles. Der vorlaute Bengel hat dann noch etwas gerufen.
Antwerpes	Was denn?
Fritzchen	Ich habe gerufen: Wenn sie dich dabehalten, kann ich dann dein Rad haben?
Antwerpes	*(klatscht Fritzchen eine)* Jetzt verschwinde bloß. Geh spielen.
Fritzchen	*(ruft im Rauslaufen)* Da hinten kommt der Pfarrer von Cornelius, mit seiner Frau.

Szene 8

(Der katholische Pfarrer kommt langsam mit seiner Haushälterin, Arm in Arm)

Antwerpes	Nein, Fritzchen. Das ist doch ein katholischer Pfarrer. Das ist seine Haushälterin.
Matthes	Das stimmt. Das ist die Haushälterin. Und katholisch ist die auch. Ganz bestimmt sogar.
Antwerpes	Woher weißt du das denn so genau?
Matthes	Als et Hüske hinter dem Pastorat gebrannt hat, war ich auf der Leiter am löschen, am tun. Und da habe ich durchs Fenster gesehen, dass sie einen katholischen Büstenhalter anhatte.
Antwerpes	Was ist denn ein katholischer BH?
Matthes	Ganz einfach: Wenn du ihn hinten öffnest, dann fallen vorne zwei auf die Knie.
Pfarrer	Guten Abend, zusammen.
Alle	Tag, Herr Pastor. Wie geht es?
Pfarrer	*(zeigt auf Fritzchen)* Das Blaag kenne ich.
Antwerpes	Um Gottes Willen, Was ist denn nun schon wieder?

Pfarrer	Ich hatte doch an die Kirchentüre ein Schild gehängt mit der Aufschrift: Um 18:00 Uhr Abendmahl. Da hat der Junge drunter geschrieben: All you can eat!
Antwerpes	*(klatscht Fritzchen eine)* Das hättest du gefälligst auch in Deutsch schreiben können.
Matthes	So, nun aber keinen Streit. Setzt euch schon mal. Möchtet ihr schon etwas trinken? Und erzählt doch mal, was es so Neues in der Stadt gibt.
Pfarrer	Ich habe eine brandheiße Neuigkeit: Vermutlich wird der Papst bald nach Viersen kommen.
Matthes	Wie bitte? Der Papst kommt nach Viersen?
Pfarrer	Ja, der geht doch immer dahin, wo die Not am größten ist.

Szene 9

(Matthes schlägt ein Bierfass an)

Haushälterin	Ach, ehe ich es vergesse: Geht nicht alleine durch den Stadtgarten.
Leni	Warum nicht?
Haushälterin	Da soll sich ein schlimmer Exhibitionist herumtreiben.

Mariechen	Das stimmt. Den habe ich gesehen, als ich vom Einkaufen kam. Er stand auf einmal vor mir. *(deutet das Öffnen eines Trenchcoats an)*
Haushälterin	Oh weh. Was hast du dann gemacht?
Mariechen	Gemacht habe ich gar nichts. Aber mir ist sofort eingefallen, dass ich die Shrimps vergessen hatte.
Haushälterin	*(deutet mit Daumen und Zeigefinger etwas Kleines an)* Das war bestimmt ein Viersener.

Szene 10

(Drickes marschiert mit Schlippes und drei weiteren Feuerwehrmännern ein)

Drickes	*(Langsam lauter werdend)* Links, zwo, drei, vier. Links, zwo, drei, vier. Links, zwo, drei, vier. So jetzt aber vernünftig, wir haben Besuch: Wehrleute stillgestanden! Und: kehrt!
Boeken	So ein Quatsch, Chef. Hier ist doch schon gekehrt.
Hansi	Oh, da sitzen ja auch schon einige Frauen.
Doll	*(zeigt auf Leni Wüllenweber)* Die Frau vom Brandmeister ist auch dabei.

Boeken	*(zeigt auf die Haushälterin Frau Scheinheilig)* Die Haushälterin vom Pastor hat doch letztens hier angerufen und gesagt: Kommen sie schnell, bei mir zu Hause versucht ein Mann einzusteigen.
Hansi	Ehrlich? Was hast du ihr dann gesagt?
Boeken	Ich habe ihr gesagt: Da sind sie hier verkehrt, dafür ist die Polizei zuständig. Nein, hat sie gesagt: Ihr müsst kommen, die Leiter von dem Kerl ist viel zu kurz.
Doll	Ist die etwa mannstoll?
Drickes	Mannstoll? Dann müsst ihr mir die Frau aber mal vorstellen.
Boeken	Ich hatte dieser Tage auch so ein komisches Erlebnis: Da komme ich früher nach Hause und will meine Frau überraschen, stehen da zwei wildfremde Männer bei mir vor der Türe.
Hansi	Ach, ne?
Boeken	Habe ich sie gefragt: Was geht denn hier vor? Da dreht der eine sich um und sagt: Nix vor! Erst Luigi, dann ich, dann du.
Doll	So eine Frauengeschichte ist mir auch passiert.
Hansi	Glaube ich nicht. Erzähl doch mal.

Doll	Ich habe doch letztens die alte Antwerpes aus ihrer Wohnung gerettet, weil unten die Backstube brannte. Und als ich so auf der Leiter stand, meinte ich zu ihr: So, Oma, jetzt beiß mal die Zähne fest zusammen, wir müssen die Leiter hinunter.
Antwerpes	Jaha, und da habe ich geantwortet: Wenn das so ist, muss ich noch mal zurück. Meine Zähne liegen nämlich noch auf dem Nachtkonsölchen.

Szene 11

Drickes	So, nun ist aber Schluss mit den ganzen Geschichten. Mit euch habe ich sowieso noch ein Hühnchen zu rupfen.
Hansi	Warum, Herr Löschmeister?
Drickes	Ihr seid letzte Nacht an der Poalhött wieder mal ganz schön voll gewesen.
Doll	Wieso das denn?
Drickes	Ihr habt mich auf dem Rückweg fünfmal fallen lassen und jedes Mal seid ihr mir dann auch noch auf die Finger getreten.
Boeken:	Reg dich nicht so auf, Herr Löschmeister. Erzähl mir lieber, ob du den Zuchteber noch hast?
Drickes	Ja sicher, habe ich das Tier noch.

Boeken	Der Eber wollte doch gar nicht mehr von der Sau runter. Was hat der Tierarzt deinem Eber denn verschrieben? Das Mittel muss richtig gut gewirkt haben.
Drickes	Keine Ahnung, was der dem verschrieben hat. Ich weiß es wirklich nicht mehr. Ich kann dir nur noch sagen, es schmeckte ein bisschen nach Eukalyptus.
Hansi	Mein Gott, der Chef hat aber was drauf.
Drickes	Ja, das stimmt. *(deutet mit der Hand die Größe eines Kindes an)* Als ich noch klein war, da war ich so etwas wie ein Wunderkind. Oh, ja. Mit drei Jahren war ich schon so schlau wie heute.
Doll	Ja, Löschmeister, wenn du so schlau bist, dann nenne mir mal einen berühmten griechischen Dichter.
Drickes	Hmm. Achilles.
Doll	Achilles war doch kein Dichter.
Drickes	Ja sicher. Er ist doch durch seine Ferse berühmt geworden.

Szene 12

(Bürgermeister Voss nebst Frau nähern sich mit Samtkissen, Beförderungsorden und Urkunde. Sie gehen auf Löschmeister Drickes zu)

Drickes (steht stramm und macht dann einen tiefen Diener)
Guten Tag, Gnädigste.
Guten Tag, Herr Bürgermeister Voss.

Frau Voss   Guten Tag.

Bürgermeister   Ich wünsche einen schönen guten
Abend zusammen.

Drickes   Ach Gnädigste, sie sind so hübsch.
Immer wenn ich Sie sehe, rutscht mir
mein Herz in die Hose.

Frau Voss   Ja, ich glaube, ich kann es sogar schon
schlagen sehen.

Bürgermeister   Wir wären ja schon eher hier eingetrof-
fen, aber an der Straßenbahnhaltestelle
wurden wir aufgehalten.

Drickes   Was war denn?

Bürgermeister   Da stand so ein hübsches Mädchen in
einem ganz engen Lederrock direkt vor
mir. Und sie kam die Stufe zur Straßen-
bahn nicht hoch. Na ja, da hat sie nach
hinten gegriffen um den Reißverschluss
ihres Rockes etwas zu öffnen.

Drickes	Ja, und?
Bürgermeister	Der Reißverschluss war noch nicht weit genug auf, um das Bein auf die erste Stufe zu heben. Und da hat sie noch einmal nach hinten gegriffen, um den Reißverschluss noch weiter zu öffnen.
Drickes	Und dann klappte es?
Bürgermeister	Nein, immer noch nicht. Da habe ich sie gepackt und auf die erste Stufe hoch-gehoben.
Frau Voss	Ja, das hat mein Mann getan. Aber da dreht sich das Fräulein um und wird auch noch patzig, die Söllerjeet. Brüllt sie doch tatsächlich meinen Mann an: Wie können sie es wagen, mich anzu-fassen, ich weiß ja noch nicht einmal, wer sie sind.
Bürgermeister	Beruhigen sie sich, habe ich gesagt. Normalerweise würde ich ihnen ja zu-stimmen, aber nachdem sie nun zwei-mal meine Hose geöffnet haben, dachte ich, wir wären Freunde.
Drickes	Warum passiert mir nie so etwas?
Matthes	Vielleicht, weil du so selten einen Le-derrock trägst.

Szene 13

Bürgermeister   Ach, Hochwürden ist ja auch da.

Matthes   Hochwürden, Hochwürden. Wenn ich das schon höre. Mein Onkel ist Kardinal und alle sagen Eminenz zu ihm.

Frau Voss   Phh. Vor einem Jahr wog mein Mann noch über zweihundert Kilo. Und wenn er über die Straße ging riefen alle: Allmächtiger Gott.

Bürgermeister   Schatz, erzähle doch sowas nicht.

Frau Voss   Sei doch nicht immer so bescheiden. Es stimmt nun mal. Aber sag mal, ich habe eben die Ankündigung zu Figaros Hochzeit gesehen. Gehen wir da auch hin?

Bürgermeister   Nein, nein! Wir schicken Blumen. Sagen Sie mal, Hochwürden, bei so einer attraktiven Haushälterin, was machen Sie denn, wenn Sie die Fleischeslust mal überkommt?

Pfarrer   Nun, ich gehe mit dem Hund spazieren, bis die Anzeichen sich legen.

Bürgermeister   Und Sie Frau Scheinheilig? Was machen sie, wenn Sie die Fleischeslust überkommt?

Haushälterin	Nun ja, dann gehe ich auch mit dem Hund, bis es aufhört.
Bürgermeister	Wenn euch aber beide gleichzeitig die Fleischeslust heimsucht?
Haushälterin	Ach wissen Sie, Herr Bürgermeister, mittlerweile kennt der Hund den Weg schon gut alleine.

Szene 14

Mariechen	Hören sie mal bitte, Frau Voss. Ihr Mann ist für sein Alter aber noch sehr rüstig, nicht wahr?
Frau Voss	Für sein Alter schon, aber nicht für meins. *(lässt einen Brief aus der Tasche fallen)*
Mariechen	Frau Voss, ihr habt da etwas verloren.
Frau Voss	Oh ja, danke! Ihr kennt doch bestimmt meine Freundin, die Lisbeth Peemans? Sie ist jetzt frisch verheiratet.
Haushälterin	Sicher kenne ich die. Das ist doch die dicke Tochter vom Metzger Peemans. Die sieht immer so aus, als würde sie sich mit ene Riivkook das Gesicht waschen, so glänzt sie. Wer kennt sie nicht?

Frau Voss	Ja, genau die. Sie hat mir einen Brief geschrieben. Ich lese euch den mal vor: Liebste Freundin, du machst dir keine Vorstellung, wie unersättlich mein Mann ist. Wir machen Liebe den ganzen Tag. Wir tun es tagsüber und nachts, während ich putze, staubwische und koche. Praktisch rund um die Uhr. Gib mir doch bitte einen Rat. PS. Bitte entschuldige meine ruckelige Schrift.
Mariechen	Huch, was hat sie es gut.

Szene 15

Bürgermeister	Drickes, ich bin übrigens sehr gerne der Einladung der Freiwilligen Feuerwehr zu ihrem zehnjährigen Jubiläum gefolgt. Und es ist mir eine ganz besondere Freude und Ehre, sie heute zum Oberbrandmeister zu befördern. Sie sind doch Brandmeister und Löschzugführer?
Drickes	Äh, eigentlich sehr gerne, Herr Bürgermeister. Aber der Brandmeister ist noch gar nicht hier.
Bürgermeister	Wie, der ist noch gar nicht hier?

Drickes	Ja, Bürgermeister Voss, wir haben doch die ganze Nacht den Brand an der Poalhött gelöscht. Und davon ist der Brandmeister noch etwas müde. Aber ich lasse ihn sofort rufen.
(an Doll gewandt)	Los, rufe den Brandmeister.
Doll	Hallihallo, Alaharm! *(kleine Pause, nichts tut sich)* Aalaahaarm! Nun aber hurtig!
Boeken	Wenn ich das schon höre. So kommt der nie. Pass mal auf!

(Boeken dreht eine Handsirene. Alle warten, nichts tut sich)

Matthes	Haha. So kann das doch nichts werden. Ihr kennt den Brandmeister doch alle schon lange genug. *(wartet einen Moment und ruft dann)* Freiiiii-biiiieeeer!

Szene 16

(Brandmeister Wüllenweber kommt immer noch angetrunken die Alarmstange heruntergerutscht. Dabei verliert er seine Hose)

Brandmeister	Heiliger Sankt Florian. Was für ein Malheur. Meine Hose. Aber egal. Wo gibt es denn hier Freibier?
Matthes	Freibier gibt es erst, wenn du befördert bist.

Brandmeister	*(klettert wieder ein Stück die Stange hoch)* Wenn es noch kein Freibier gibt, dann lege ich mich oben noch was hin.
Drickes	Jetzt bleibe bloß hier. Die ganzen Leute sind wegen deiner Beförderung gekommen.
Brandmeister	Ist ja schon gut. Lasst es uns schnell über die Bühne bringen. Ich habe nämlich Durst.
Bürgermeister	Mein lieber Brandmeister Wüllenweber. Ich befördere Sie hiermit zum Oberbrandmeister. Seit zehn Jahren gibt es die Freiwillige Feuerwehr Dülken. Während dieser Zeit haben sie nie etwas anbrennen lassen und stets für genügend Löschwasser gesorgt. Selbst die Viersener konnten Ihnen nie das Wasser reichen.
Brandmeister	*(kneift die Knie zusammen)* Ehrlich gesagt bin ich froh, dass ich das Wasser noch halten kann.
Drickes	Jaha, et legt net an dr Schwengel, wenn de Popmp kee Water jevt.
Brandmeister	*(zu seiner Frau)* So Schatzi, jetzt wo ich Oberbrandmeister bin, erfülle ich mir auch meinen Traum.

Leni	Nein, tu mir das nicht an!
Brandmeister	Doch, nun ist es soweit. Die Wohnung ist groß genug, jetzt stell ich mir den Spritzenwagen ins Wohnzimmer.
Leni	Och nein! Das Ding steht nur im Weg rum, riecht komisch und tropft auf den Teppich.
Brandmeister	Wenn es danach gehen würde, dann müsste deine Mutter auch raus.

Szene 17

Bürgermeister	Wieso waren sie heute Nacht eigentlich an der Poalhött? Wo hat es denn da gebrannt?
Brandmeister	Auf der Viersener Seite der Poalhött hat doch der ganze Bauernhof gebrannt.
Leni	Ach! Den haben wir vor wenigen Tagen noch mit dem Viersener Bürgermeister besichtigt und die vielen Weidetiere bewundert.
Bürgermeister	Ja und dann hat mein Viersener Kollege, der Peter Stern, doch tatsächlich den Bauern gefragt: Warum hat diese arme Kuh da vorne keine Hörner?
Brandmeister	Ja und?

Bürgermeister	Da sagte der Bauer: Herr Stern, vielleicht hat die Kuh sich die Hörner abgestoßen, oder sie ist ohne Hörner geboren worden, oder jemand hat sie abgesägt. Aber in diesem speziellen Fall hier, handelt es sich um ein Pferd.
Drickes	Hoop und Hölp! Was sind die Viersener doch blöde.
Frau Voss	Schlau sind die wirklich nicht. Was ist denn das Klügste an einem Viersener?
Drickes	Der Freund in Dülken?
Frau Voss	Nein, der Weisheitszahn.
Brandmeister	Kennt ihr denn den Röttbuur von der Dülkener Nette? Seine Frau war im Pferdestall, da hat das Pferd ausgetreten, die Frau getroffen und sie ist daran gestorben.
Drickes	Ja, ich war auf der Beerdigung. Da ist mir aufgefallen, dass der Bauer beim Kondolieren bei den Frauen immer mit dem Kopf genickt und bei den Männern seinen Kopf geschüttelt hat.
Brandmeister	Genau das ist mir ebenfalls aufgefallen. Ich habe den Bauern dann gefragt: Hör mal, warum hast du bei den Frauen immer genickt und bei den Männern den Kopf geschüttelt?

140

Bürgermeister	Erzähl schon! Warum hat er das gemacht?
Brandmeister	Ja, sagt der Bauer: Die Frauen haben immer gesagt: „Mein Beileid" und die Männer haben gefragt: „Hast du das Pferd noch...?"

Szene 18

(Matthes steht an der Gulaschkanone und rührt darin herum. Die Gulaschkanone beginnt zu dampfen. Schlippes kommt angerannt)

Schlippes	Um Gottes Willen, da kommt die Viersener Feuerwehr mit dem neuen Leiterwagen.

(Vier Viersener Feuerwehrleute kommen im Laufschritt in die Halle. Allen voran Feuerwehrmann Sauerbrei)

Sauerbrei	Platz da! Machen sie den Weg zum Brandherd frei!
Matthes	Brandherd? Habt ihr noch alle Tassen im Schrank? Das ist meine Gulaschkanone.
Brandmeister	Die haben bestimmt gerochen, dass es hier was „ommesöös" gibt.

Sauerbrei	Nein! Wir haben die Sirene gehört und die Rauchentwicklung gesehen und gedacht, hier brennt´s. Aber gestatten Sie erst einmal: Freiwillige Feuerwehr Viersen, mein Name ist Sauerbrei:
Drickes	Ach du lieber Gott, jetzt geht das schon wieder los. Viersener!
Brandmeister	Ist das der neue Viersener Leiterwagen? Wollen sie uns den nicht mal vorführen?
Sauerbrei	Sehr gerne! Herr Genenger, machen Sie bitte mit den Männern den Leiterwagen einsatzbereit.
Genenger	*(salutiert)* Jawohl! *(Viersener marschieren hinaus)*
Sauerbrei	*(Dreht sich um und marschiert auch hinaus)* Wir sind sofort wieder zurück.
Brandmeister	*(äfft Sauerbrei nach)* Machen sie bitte den Leiterwagen fertig, wenn ich das schon wieder höre.
Drickes	Die Feuerwehrleute aus Viersen, die sind so doof. Als die ihr Gerätehaus umgebaut haben, da haben die immer zwei Mann benötigt, um die Schränke zu transportieren.

Brandmeister	Aber mit zwei Mann ist das doch in Ordnung?
Drickes	Eigentlich schon. Aber bei denen hat einer den Schrank getragen und der Zweite saß im Schrank und hat die Kleiderbügel festgehalten.

Szene 19

Fritzchen	*(quengelt und zerrt am Brandmeister rum)* Onkel Brandmeister, mir ist es so langweilig hier, ich find das Gerätehaus blöd.
Brandmeister	Undankbarer Bengel! Wenn wir unser Gerätehaus nicht hätten, dann gäbe es dich gar nicht.
Bürgermeister	Das Blaag kenne ich auch.
Frau Antwerpes	Um Gottes Willen, hört das denn nie auf? Was ist denn nun wieder passiert?
Fritzchen	Ich war beim Frisör van Helden, auf dem Markt. Und der Herr Voss saß auch da und da hat der Frisör ihm ein kleines Stück vom Ohr abgeschnitten.
Bürgermeister	Und als ich mich beschwerte, sagt der Rotzlöffel hier zum Frisör: Herr van Helden, Sie können die Ecken von dem Ohr ja noch etwas abrunden.

Szene 20

(Die Viersener kommen zurück. Sauerbrei voran, zwei Mann schieben eine Karre, auf der ein Viersener mit einer kleinen Holzleiter und einem Schlauch sitzt)

Sauerbrei	Da staunen Sie, nicht wahr? Wir sind jetzt wesentlich mobiler und auch viel schneller, als früher.
Brandmeister	Neee, was sind die vor die „Pomp jesaust." Aber hört mal, nun wo ihr den neuen Leiterwagen habt, was macht ihr denn mit dem alten?
Genenger	Den benutzen wir nur noch bei Fehl-alarm!
Mariechen	*(spricht die Haushälterin an und zeigt auf einen Viersener)* Ich bin mir nicht sicher, aber das könnte der Mann aus dem Stadtgarten sein, der Exhibitionist.
Haushälterin	Ja, die können sehr gut mit dem Schlauch umgehen.
Genenger	Phh. Ich war schon lange nicht mehr im Stadtgarten und einen Mantel habe ich auch nicht.
Haushälterin	Mariechen, hat das eigentlich funktio-niert mit den Tomaten?

Matthes	Was war denn damit?
Mariechen	Ach, meine Tomaten werden ja nicht richtig rot und da meinte sie, ich solle bei Dämmerung splitterfasernackt um den Tomatenstrauch herumtanzen, ungefähr so... Und wenn ich das so machen täte, dann würden die alle knallrot.
Matthes	Hat es geklappt?
Mariechen	Naja, die Tomaten sind immer noch grün, aber dafür sind die Gurken jetzt alle 1,50m lang.

Szene 21

Brandmeister	Schluss jetzt. Ich gehe nach hinten einen trinken. Hör mal Drickes: Du hast letzten Monat ein Foto von dir an den Club der einsamen Junggesellinnen geschickt. Hast du schon eine Antwort erhalten?
Drickes	Hör bloß auf! Erinnere mich nicht daran! Die haben mir das Foto mit dem Vermerk zurückgeschickt: tut uns leid, aber so einsam sind wir nun auch wieder nicht.
Brandmeister	Naja, mach dir nichts daraus. Komm einfach in den nächsten Tagen noch mal zu mir. Dann trinken wir ordentlich einen.

Drickes	Nein, zu dir komme ich vorerst nicht mehr!
Boeken	Das kann ich mir denken. Der Brandmeister hat doch einen Papagei und der Vogel kann den Löschmeister überhaupt nicht leiden. Immer wenn der den Löschmeister sieht, krächzt der: Hey Drickes, mit dem Kaiser Wilhelm Schnauzbart siehst du bescheuert aus.
Brandmeister	Das stimmt! Aber ich habe meinem Papagei nun verboten, so etwas zu sagen.
Drickes	Das hat aber nichts genutzt. Letztes Mal hat das Vieh zu mir gesagt: Psst! Hey Drickes... du weißt Bescheid.
Brandmeister	Drickes, was hat denn vier Beine und kann fliegen?
Drickes	Das weiß ich nicht.
Brandmeister	Zwei Vögel!
Drickes	Lasst mich doch alle in Ruhe. Ich brauche euch bald sowieso nicht mehr. Ich möchte nämlich Millionär werden, wie mein Vater.
Boeken	Boah! Dein Vater war Millionär?
Drickes	Nein, aber er wollte das auch immer werden.

Szene 22

Pfarrer	Ich gratuliere auch ganz herzlich zum Jubiläum und zur Beförderung. Dann nimmt der Tag ja doch noch ein schönes Ende.
Brandmeister	Wieso? Was ist denn passiert?
Pfarrer	Nun ja. Ich habe doch eben einem hübschen Mädchen die Beichte abgenommen. Da ist mir vielleicht die Hutschnur hochgegangen.
Haushälterin	Ja, den Fehler machen viele junge Pfarrer, dass sie ihren Hut auf den Schoß legen.
Boeken	Bevor wir jetzt richtig mit der Feierei beginnen, singen wir dem neuen Oberbrandmeister aber noch ein Hoch!
Drickes	Gute Idee! Also Wehrleute, stillgestanden! Das „Pongelsvolk" aus Viersen auch! *(gibt den Ton an)* Hoch, Hoch, Hoch!
Alle	Hoch, Hoch, Hoch!
Brandmeister	Nun bin ich aber gerührt. Ich singe euch auch noch ein Lied.

Lied:
(Hey Kölle – du ming Stadt am Rhing)
Leicht umgetextet auf „Hey Dölke".

„Schreberjaat Poalhött"

Bühnenstück
Einakter
von André Schmitz

Beschreibung:

Mit dem Begriff Schrebergarten bezeichnet man seit Mitte des 19. Jahrhunderts einen einzelnen Garten, innerhalb einer Gartenkolonie, am Stadtrand. Kinder nutzen diese Schrebergärten als Spielplätze, armen Familien dienten sie nach dem Krieg dazu, Obst und Gemüse anzubauen. Er half die extreme Armut und Mangelernährung städtischer Familien zu bekämpfen, daher hießen Schrebergärten anfangs auch Armengärten. Heute sind sie vor allem ein Rückzugsort für gestresste Stadtbewohner.

Unter der Leitung des jeweiligen Stadtverbandes wird heutzutage einmal im Jahr ein Kleingartenwettbewerb durchgeführt. Teilnehmer sind alle Kleingartenanlagen. Bewertet werden die schönste Gesamtanlage im Stadtgebiet, die schönste Gartenlaube, sowie die besten Einzelgärten.

Ob der „Schreberjaat Poalhött" in meinem diesjährigen „Aat Dölker Stöckske" eine Chance auf einen Preis hat, welche bekannten Dölker Persönlichkeiten aus dem „Stöckske" einen Garten besitzen, was angepflanzt und getratscht wird, zeigen Ihnen die Spieler auf der Bühne. Und wer bewertet eigentlich die Gärten und sitzt in der Jury?

Das alles lesen Sie in „Schreberjaat Poalhött".

Bühnenbild:

Außengelände eines Schrebergartenvereins. Mehrere mit Blumen geschmückte Tische, Bierzeltgarnituren, stehen im Grünen. Zentraler Ort ist eine Gartenlaube mit Theke und kleiner Außenküche. Alles blüht ringsumher. Im Hintergrund sieht man Obstbäume und Gemüsebeete.

Requisiten:

Viele Blumentöpfe, Bierzeltgarnituren, Tische und Stühle. Mehrere Pokale und Urkunden.

Schlusslied:

Kleingärtnerlied

Erklärungen zur Dülkener Mundart:

Jaat	Garten
Schreberjaat	Schrebergarten
Tiingrube	Jauchegrube
Eärpel	Kartoffel
Mutzprumm	Nörglerin
Perring	Regenwurm
Wenn der wörr so kallt	Wenn er schon wieder so redet
Ungerbux	Unterhose
Vertell	Geschwätz
Luuere	Lauern, schauen
Pass op	Pass auf, hör zu
Dösche	Tische
Uuse	Blödsinn
Pann	Pfanne

Es spielen:

Mariechen	Wirtin, Laubenbesitzerin
Matthes	Wirt, Laubenbesitzer
Schlippes	Gartenbesitzer
Doll	Gartenbesitzer
Drickes	Vorsitzender vom Schrebergarten
Fritzchen	Sohn von Drickes,
Trudi	Ehefrau von Drickes,
Fine	Gartenbesitzerin
Boeken	Gartenbesitzer
Wilma	Ehefrau von Boeken,
Lisbeth	Tochter von Boeken
Pfarrer	Jury
Bürgermeister Voss	Jury
Sauerbrei	Jury, Stadt Viersen
Knöterich	Jury, Schrebergarteninnung

Szene 1

(Doll und Schlippes arbeiten, zupfen Unkraut)

Doll	Komm rüber, du Doof. Hier muss das Unkraut noch weg.
Schlippes	Ich komme ja schon. Unkraut noch weg, hast du gesagt? Das einzige Unkraut, was ich hier sehe, bist du.
Doll	Pass bloß auf, sonst liegst du schneller auf dem Komposthaufen da drüben, als dir lieb ist.
Schlippes	Auf dem Komposthaufen ist doch überhaupt kein Platz mehr, da hast du dich doch schon häuslich niedergelassen.
Doll	Was sagst du?
Schlippes	Ach nein, da habe ich mich ja vertan. Wie komme ich nur auf Komposthaufen? Tiingrube meinte ich, so wie du stinkst.
Doll	Hör du auf, mir etwas von Jauchegrube vorzuhalten, sonst erzähle ich gleich allen hier in der Gartenkolonie, dass du Toilettenpapier hamsterst.
Schlippes	Stimmt doch gar nicht.

Doll	Habe ich doch gesehen. Als letztes Jahr so viele aus der Gartenkolonie krank waren, bist du rumgelaufen und hast aus den ganzen Toilettenhäuschen das Papier geklaut. Das ist unsozial, das macht man nicht.

Szene 2

(Drickes und Matthes kommen und tragen eine Kiste)

Schlippes und Doll Juuten Tach, ihr Zwei.

Matthes und Drickes   Tach, auch!

Drickes	Habe ich da gerade etwas von Toilettenpapierhamstern gehört?
Schlippes	Ach, der Doll erzählt Quatsch.
Drickes	Das will ich wohl hoffen, denn Toilettenpapierhamstern ist mit das Unsozialste, was es gibt.
Doll	Jenau! Schlimmer als Toilettenpapierhamstern ist nur noch das Bierhamstern.
Matthes	Bierhamstern ist wichtig. Das kann Mariechen sehr gut, sonst hätten wir heute nämlich nichts zu trinken, hier bei der Feier.

Schlippes	Das wäre schlimm. Ich habe jetzt schon großen Durst.
Drickes	Nix da! Erst wird das letzte Unkraut hier gejähtet.
Matthes	Genau! Unsere Schrebergartenkolonie soll doch einen guten Eindruck machen, wenn die Jury gleich erscheint.
Drickes	Es wird Zeit, dass wir hier von der Poalhött endlich auch einmal eine Auszeichnung erhalten und nicht immer nur die anderen Schrebergärten.
Matthes	Unsere Dölker Gartenfreunde vom Kampweg und von der Eintrachtstraße haben in den letzten Jahren immer die Preise abgeräumt. Dieses Jahr sind wir dran!
Doll	Also meine Parzelle sieht wunderschön aus.
Drickes	Was sieht denn an deiner Parzelle wunderschön aus? Du hast alles umgegraben und in einer Ecke steht ein Sonnenschirm und ein Stühlchen. Das ist alles.
Doll	Ja, ich wollte noch mal ganz von vorne anfangen.

Schlippes	Dafür habe ich aber meinen Garten auf Vordermann gebracht. Alles blüht.
Matthes	Hast du gerade gesagt, alles blüht?
Schlippes	Ja.
Matthes	Da stehen zwei einsame Primelkes. Das ist alles.
Drickes	Zum Glück sind die Gärten von den Beiden ja nicht repräsentativ. Wenn wir Glück haben, geht die Jury sogar daran vorbei.
Matthes	Und wenn sie fragen, was das denn für Parzellen sind, sagen wir: Ach die Beiden sind mit ganz wenig zufrieden. Deshalb haben die unsere ganz neuen Wiedereingliederungsparzellen bekommen. Der eine hatte bisher nur eine Einzelzelle in der JVA und der andere eine Gummizelle.
Doll	Aber das stimmt doch gar nicht.
Matthes	Das ist doch egal. Hauptsache die Jury glaubt uns das.

Szene 3

Drickes	Wie kann man eigentlich den ganzen Tag so viel Blödsinn erzählen?

Matthes	Ganz einfach, ich fange morgens damit an.
Doll	Oh, Matthes, du riechst heute aber gut. Was ist das?
Matthes	Restalkohol!
Schlippes	Was ist eigentlich in der Kiste drin?
Doll	Das würde mich auch interessieren.
Drickes	Das geht euch nichts an. Lasst bloß die Finger davon!
Doll	Ist ja gut, beruhig dich.
Schlippes	Genau! Schrei hier nicht so herum. Du willst doch sicher in zwei Wochen als Vorsitzender wiedergewählt werden.
Drickes	Ja klar, will ich wiedergewählt werden.
Doll	Dann erzähl uns, was in der Kiste drin ist.
Drickes	Eärpel. Ich schenke der Jury die Kiste mit Kartoffeln.
Doll	Das ist doch Bestechung.
Schlippes	Genau! Bestechung!

Drickes	Quatsch! Die müssen doch wissen, wie meine Kartoffeln aussehen und schmecken. Die kann man ja auch gar nicht sehen, wenn die unter der Erde wachsen. Das hat überhaupt nichts mit Bestechung zu tun.
Doll	Ach so.

Szene 4

(Mariechen erscheint)

Mariechen	Tach, teesaame.
Alle	Tag, Mariechen.
Mariechen	Gut, dass so viele Leute da sind. Dann könnt ihr mir helfen. Ich habe vor dem Tor auch noch zwei Kisten stehen. Die müssten geholt werden
Doll	Willst du die Jury auch bestechen?
Mariechen	Nein, in der Kiste liegt die Oma drin. Die wird doch heute hier vergraben. Quatsch, da sind die Getränke und die Speisen drin.
Drickes	Jetzt guckt nicht so dumm in der Gegend herum. Helft Mariechen. Geht die Kisten holen.

Schlippes	Und wer macht das Unkraut hier noch weg?
Matthes	Da kümmere ich mich drum.
Mariechen	Ihh, guckt mal. Hier ist ein ganz langer, grüner Wurm.
Matthes	Stelle dich nicht so an. Außerdem ist das keine Perring, sondern eine Raupe.
Mariechen	Ach so, das ist eine Raupe. Matthes, weißt du eigentlich, was der Unterschied zwischen dir und einer Raupe ist?
Matthes	Was denn?
Mariechen	Aus der Raupe wird noch was. Übrigens Matthes, ich brauche gleich einen Grill.
Matthes	Ich habe einen kleinen.
Mariechen	Ja, das weiß ich doch, aber lass uns erst mal die Sache mit dem Grill klären.
Matthes	Sei doch nicht so, mein Schmetterling.
Mariechen	Wenn der wörr so kallt. Was ist denn?
Matthes	Schätzeken, ich habe diese Nacht geträumt, dass du mich liebst. Was bedeutet das?

Mariechen	Ja, dass du geträumt hast.
Matthes	Komm Drickes, lass sie mal reden, wir trinken jetzt einen.
Drickes	Gute Idee.

Szene 5

Matthes	Kennst du eigentlich die neue Nachbarin von Fine?
Drickes	Natürlich! Wir haben uns im Kindergarten damals ein dickes Ehrenwort gegeben und fünfundzwanzig Jahre später heiratet die Mutzprumm einen anderen.
Matthes	Du hast doch nicht wirklich gehofft, dass sie so lange auf dich wartet?
Drickes	Eigentlich schon.
Matthes	Drickes, was ist mit deinem Kater los? Der flitzt ja wie ein Verrückter durch alle Gärten?
Drickes	Ich habe den gestern kastrieren lassen und nun sagt der alle Verabredungen ab.

Szene 6

(Ehepaar Boeken und Fine kommen)

Boeken	Guten Tag zusammen
Alle	Tach.
Mariechen	Hallo Wilma, Hallo Fine. Ich komme gleich mal zu euch rüber.
Wilma	Das wäre schön.
Matthes	Setzt euch ruhig. Für die Frauen haben wir extra einen Tisch hier hinter der Hecke.
Wilma und Fine	Hinter der Hecke?
Matthes	Äh, ich habe mich versprochen. An der Ecke, meinte ich. Hier an der Ecke.
Boeken	Also ich hätte nichts dagegen gehabt.
Drickes	Boeken, ich merke gerade, du bist richtig gut gebaut. Machst du Extremsport?
Boeken	Extremsport? Naja, ab und zu widerspreche ich meiner Frau. Zählt das?
Drickes	Mensch du, das Fine hat sich aber gemacht.
Boeken	Ja.
Drickes	Sie sieht richtig gut aus.
Boeken	Bring ihr doch etwas zu trinken.

Drickes	Das mache ich.

Szene 7

Wilma	Guck mal, da kommt der Drickes mit Getränken.
Drickes	Ich bring euch eine Erdbeerbowle.
Wilma	Oh, lecker.
Fine	Danke!
Drickes	Ihr seht ja juut aus.
Wilma	Oh, wie lieb.
Fine	Wie alt schätzt du mich eigentlich?
Drickes	Nach deinen Augen 25.
Fine	Oh, wie süß.
Drickes	Nach deinem Lächeln 23.
Fine	Oh, wie entzückend.
Drickes	Nach deinem Körper 21.
Fine	Du bist so lieb, komm ich gebe dir einen Kuss.
Drickes	Warte, lass mich eben noch zusammen zählen…

Fine	Wie bitte? Dat darf doch nicht wahr sein!
Wilma	Unverschämt!
Fine	Sehe ich wirklich so alt aus?
Wilma	Nicht ganz.
Fine	Findest du mich denn zu dick?
Wilma	Nein, das sind Fummelpfunde.

Szene 8

Boeken	Mariechen, was sind das für Kerben hier auf dem Tisch?
Mariechen	Ach, das ist mir unangenehm.
Boeken	Wieso?
Mariechen	Vor zwei Wochen auf dem Sommerfest, waren drei richtig gut gebaute Männer hier, die kannte ich gar nicht. Und sie waren betrunken.
Boeken	Ja und? Was hat das mit den Kerben hier im Tisch zu tun?
Mariechen	Och nee, es ist mir unangenehm, das zu erzählen.
Boeken	Quatsch, erzähl.

Mariechen	Sie waren so betrunken, da haben die ihr, na du weißt schon, rausgeholt, hier draufgelegt und gemessen. Davon sind die Kerben.
Boeken	Haha, die Kerben sind ja nur 5,6, und 7 Zentimeter von der Tischkante entfernt, da kann ich aber noch mithalten.
Mariechen	Versuch es erst gar nicht. Sie standen auf der anderen Seite vom Tisch.

Szene 9

Wilma	Schatzi, möchtest du auch was essen?
Boeken	Was soll die Frage?
Wilma	Matthes, eine Bratwurst bitte, für meinen Mann
Matthes	Tut mir leid Wilma, aber Tausch-geschäfte machen wir nicht. Hähä, doch sicher. Bring ich ihm.

Szene 10

(Trudi und Fritzchen kommen)

Boeken	Da kommt deine Frau und dein Junge.

Trudi und Fritzchen Tach!

Wilma	Trudi, komm zu uns rüber, das Fritzken kann zu den Männern.
Fine	Trudi, wir haben extra zwei Plätze für dich freigelassen.
Boeken	Tach, Fritzchen, wie ist es?
Fritzchen	Jetzt geht es wieder.
Boeken	Wieso?
Fritzchen	Ich habe gerade einen Riesenschreck bekommen.
Boeken	Warum das denn, Junge?
Fritzchen	Ach, das Lisbeth hat gerade da vorne auf der Wiese einen ganz dicken Käfer verschluckt. So einen fiesen, dicken, grünen.
Boeken	Bah! Pfui Teufel!
Fritzchen	Aber macht euch keine Sorgen, ich habe ihr einen Beutel Insektenpulver gegeben.
Boeken	Oh wiiiie!

Szene 11

(Schlippes, Doll und Lisbeth kommen)

Doll	Da sind wir wieder. Wir haben das Lisbeth mitgebracht.
Fine	Lisbeth, komm mal schnell.
Lisbeth	Warum denn?
Fine	Hat Fritzken dir ein Pulver gegeben?
Lisbeth	Er wollte, aber seitdem der mir mal Juckpulver gegeben hat, nehme ich nix mehr von dem an. Außerdem, als ich den dicken Käfer endlich runterge- schluckt hatte, war es eigentlich schon wieder gut.
Fine	Dein Junge hat nur Blödsinn im Kopf.
Trudi	Wenigstens hat er was im Kopf.
Fine	Wat willst denn damit andeuten?
Trudi	Dass du die tiefen Suppenteller nicht erfunden hast. Außerdem habe ich deine Spitze mit den zwei freien Plätzen eben genau gehört.

Szene 12

Fine	Dein Mann war auch schon frech zu mir.
Trudi	Ich habe wenigstens einen.

Wilma	Ich auch.
Trudi	Fine ist so alleine und einsam, sie war letztens beim Metzger und hat sich ein Stück Schulter gekauft, nur um sich mal anzulehnen.
Fine	Ihr seid gemein.
Trudi	Ne, wir sind jetzt quitt!
Lisbeth	Darf ich mich bei euch beisetzen?
Wilma	Ja klar, Kind.
Fine	Du siehst blass aus.
Trudi	Geht es dir nicht gut?
Fine	Hömma, kipp mir jetzt bloß nicht aus den Latschen.
Trudi	Vielleicht versucht der dicke Käfer wieder nach oben zu krabbeln.
Wilma	Matthes, schnell, dem Lisbeth geht es nicht so gut. Wir brauchen noch mal schnell vier Erdbeerbowle.
Matthes	Ich versteh zwar den Zusammenhang nicht, aber egal. Kümmert ihr euch um das Kind, ich bringe die Bowle.

Szene 13

Fine	Lisbeth, wie war es auf dem Ponyhof?
Lisbeth	Es war richtig schön.
Fine	Hast du auch etwas gelernt auf dem Pferdehof?
Lisbeth	Ja, Tante Fine! Meine Familie lebt ja eigentlich genauso wie die Pferde.
Fine	Wie meinst du das?
Lisbeth	Ich bin das Pony!
Fine	Ja!
Lisbeth	Und Mama wäre die Stute!
Fine	Ja, kann man so sagen.
Lisbeth	Und Papa wäre der Hengst!
Fine	Nein, Kind, das stimmt nicht. Papa wäre der Esel. Der Hengst wohnt am Ende der Straße.

Szene 14

Fritzchen	Mariechen, du siehst gut aus.
Mariechen	Danke, Fritzken.

Fritzchen	Ich war letztens in der Talquelle, die hatten eine neue Kellnerin, die sah nicht gut aus.
Matthes	Ich kenn die und muss dem Jungen recht geben.
Fritzchen	Und die ist stark behaart. Ja die ist richtig stark behaart. Die kam mit dem Rad und hatte einen kurzen Rock an und trotzdem Fahrradklammern.
Schlippes	Schluss jetzt mit dem blöden „Vertell." Wir haben schon die Jury gesehen.
Doll	Die laufen schon durch die Schrebergärten und gucken sich die Parzellen an.
Schlippes	Und der Bürgermeister und der Pfarrer sind ebenfalls dabei.
Matthes	Die gehören doch diesmal mit zur Jury. In diesem Jahr sind es vier Juroren.
Doll	Aber et dauert noch, bis die kommen. Die gucken sich die Gärten und Parzellen ganz genau an.
Schlippes	Matthes, bring bitte noch mal was zu trinken, das beruhigt, solange die Jury noch nicht da ist.

Szene 15

Trudi   Ich bin so gespannt, was die zu unserem Garten sagen. Fine, wie sieht es denn bei dir aus mit deinen Tomaten? Hat mein Tipp geholfen?

Wilma   Was denn für ein Tipp?

Trudi   Ich habe zu Fine gesagt, wenn sie nackt durch den Garten läuft, werden die Tomaten schön rot.

Wilma   Und, hast du es gemacht?

Fine   Ja, habe ich!

Trudi   Hat sie wirklich. Ich stand nämlich immer hinter der Hecke und hab zugeschaut, wie sie nackig da rumgelaufen ist.

Wilma   Sind die Tomaten denn schön rot geworden?

Trudi   Noch nicht so richtig, aber dafür sind ihre Gurken alle sooo lang…

Fine   Ich kann es mir im Gegensatz zu euch erlauben, in meinem Garten FKK zu machen.

Wilma   Ach, hör doch auf.

Szene 16

Fine   Deinen Mann habe ich übrigens auch schon halbnackt gesehen.

Wilma   Wie bitte?

Fine   Sie waren wohl mit mehreren im Spielkasino und haben alles verloren. Und der Mann von der Wilma kam ganz nackt da raus.
Der Mann von Trudi hatte ja wenigstens noch ein "Ungerbux" an.

Trudi   Ja, dafür bewundere ich meinen Schatz auch, er weiß immer genau, wann er aufhören muss.

Fine   Übrigens, nackte Männer haben den kleinsten Garten der Welt.

Trudi   Wie kommst du da drauf?

Fine   Eine Karotte, zwei kleine Kartoffeln, manchmal etwas Petersilie und jedes Mal eine Riesenfreude, wenn eine Schnecke vorbei kommt.

Szene 17

Trudi   Mariechen, wie war es beim Optiker?

Mariechen   Hör mich auf, du.

Trudi   Wieso?

Mariechen	Ich sag: Herr Optiker, mit einer kurzsichtigen Brille kann ich nicht gut luueren. Mit einer weitsichtigen Brille kann ich auch nicht gut gucken.
Trudi	Das ist nicht gut. Hast du es denn schon mal mit Linsen versucht?
Mariechen	Mit Linsen? Ja, habe ich auch schon. Aber wenn ich furze, kann ich auch nicht besser gucken

Szene 18

Boeken	Ich bin eben auch noch mal durch den Schrebergarten gegangen, es sieht sehr schön aus.
Drickes	Ja, es sieht wirklich schön aus. Und Boeken, ich muss sagen, ihr habt endlich auch die alte Mülltonne weg geschmissen und eine schöne neue Mülltonne.
Boeken	Woher weißt du das denn?
Drickes	Ja, pass op, das ist eine längere Geschichte. Ich hatte Gefühle und wollte was Liebe machen, mit meiner Frau.

Trudi	Und dann haben wir unseren Jungen nach draußen geschickt, damit wir Ruhe haben. Er sollte vor der Laube etwas spielen und schauen, was die Nachbarn so machen.
Drickes	Nach zwei Minuten hat er schon an die Türe geklopft.
Fritzchen	Stimmt! Habe ich gerufen: Papa der Boeken hat eine neue Mülltonne.
Trudi	Habe ich ihm geantwortet. Juut Fritzken. Ohhhh, guck nur weiter.
Drickes	Nach ein paar Minuten klopfte der schon wieder.
Fritzchen	Ja, mir war ja noch was aufgefallen. Da habe ich gerufen: Papa, der Matthes hat eine neue Toilettengrube im Garten.
Trudi	Habe ich zurückgerufen: Guck nur weiter Jung, lass dir Zeit.
Boeken	Ich weiß schon was nun kommt, er hat wieder angeklopft.
Drickes	Genau.
Fritzchen	Habe ich gerufen: Papa, ich glaube die Boeken haben Sex.
Matthes	Was hat er gerufen?

Drickes	Er hat gerufen: Papa ich glaube die Boeken haben Sex. Und dann habe ich gefragt: Wie kommst du denn da drauf?
Fritzchen	Habe ich geantwortet: Papa ich bin mir ganz sicher. Die haben Sex. Die haben nämlich auch ihr Kind nach draußen vor die Laube geschickt.
Mariechen	Übrigens, das wollte ich dir noch sagen: Nur, weil deine Frau so viel wiegt wie zwei, heißt das noch lange nicht, dass du einen Dreier hattest.

Szene 19

Trudi	Sie kommen!
Fritzchen	Sie kommen!
Drickes	Dann lasst mich als Nochvorsitzenden des Vereins noch kurz was sagen: Seid nett zur Jury.
Trudi	Wie immer! In der Kürze liegt die Würze!
Drickes	Ja, das war mir ein wichtiges Anliegen, euch das zu sagen. Ich kenne euch doch. Ach so, meine richtige Wahlrede, die kommt später noch.

Trudi	Apropos Wahlrede. Stimmt es, dass sich Mariechen heute auch zur Wahl stellt und als erste Frau Vorsitzende des Schrebergartenvereins werden will?
Lisbeth	Ja, Mariechen stellt sich auch zur Wahl.
Wilma	Drickes, du hast keine Chance gegen sie.
Trudi	Das müssen wir später besprechen, da kommt die Jury.
Lisbeth	Und der Bürgermeister, samt Pfarrer.

Szene 20

(Pfarrer, Bürgermeister, Knöterich und Sauerbrei spazieren heran)

Alle	Juuten Tach, zusammen!
Jury	Tach!
Bürgermeister	Schön habt ihr es hier!
Sauerbrei und Knöterich	Na ja, zum Glück sind die Geschmäcker verschieden.
Boeken	Was soll das denn heißen? Wer ist das überhaupt?
Sauerbrei	Gestatten, Sauerbrei!

Alle	Oh nee, Vierscher!
Knöterich	Gestatten, Knöterich!
Alle	Oh nee, noch ein Vierscher!
Bürgermeister	Das sind die Herren von der Jury.
Drickes	Genau, also benehmt euch. Liebe Jury, setzt euch doch bitte hier an deä Dösch.

Szene 21

Sauerbrei	Ich bin gerne Viersener! Wir können nämlich alles! Gebt einem Viersener Eisen und er baut dir einen Dampfer.
Boeken	Und ich bin gerne Dülkener! Gib mir deine Frau und ich sorge für die Besatzung!

Szene 22

Drickes	Herr Pfarrer, wie geht es ihnen?
Pfarrer	Ganz gut. Aber sagt mal, ich habe da drüben etwas gesehen. In dem einen Garten stand ein Kreuz.
Lisbeth	Ja, da wurde jemand beerdigt.
Boeken	Matthes, habt ihr wirklich die Oma...?

Matthes	Nein.
Pfarrer	Sie dürfen im Garten keine Angehörigen bestatten.
Drickes	Das war doch kein Angehöriger.
Lisbeth	Nee, das war einer von der letztjährigen Jury.

Szene 23

Boeken	Sehe ich das richtig, Herr Bürgermeister? Du hast einen Verband unter dem Zylinder?
Bürgermeister	Mich hat eine Mücke gestochen.
Boeken	Und deshalb verbindest du dir gleich den ganzen Kopf?
Bürgermeister	Meine Frau hat sie mit dem Spaten erschlagen.
Mariechen	Bier gibt's gleich. Hier habt ihr erst mal etwas eiskalten Saft zu trinken, mit Eiswürfel.
Matthes	Mariechen hat mir mal erzählt, aus dem Wasser was sich unten in der Klobürste sammelt, macht sie die Eiswürfel für die Leute, die sie nicht leiden kann.
Mariechen	Schmeckt es?

Sauerbrei	Oh, die Brause ist sehr lecker. Und so erfrischend. Sogar mit Eiswürfel.
Matthes	Für Sie ist uns nichts zu schade.

Szene 24

Knöterich	Warum lachst du?
Matthes	Warte einen Moment, dann riechst du es.
Knöterich	Baah!
Sauerbrei	Riechst du von anderen einen Furz, war der Abstand wohl zu kurz.
Matthes	Dann schnupper an den Blumen auf dem Tisch, die duften gut.
Fritzchen	Nicht nur Blumen duften, auch Frauen können duften.
Knöterich	Das stimmt, auch Frauen duften manchmal gut.
Fritzchen	Ich habe zwei Tanten. Die eine heißt Elke und die duftet immer nach Nelke.
Knöterich	Und wie heißt die andere?
Fritzchen	Uschi.
Pfarrer	Das sind aber schöne Blumen.

Matthes	Die sind aus meinem Garten, die habe ich Mariechen geschenkt, für die Tische.
Fritzchen	Ich wollte auch schon mal Blumen verschenken.
Matthes	Was denn für Blumen?
Fritzchen	Ich sag zu dem Blumenverkäufer, dem Herrn Krampe: Ich würde gerne Blumen verschenken. Fragt er: Nun ja, wollen Sie Kosen, verschenken sie Rosen. Wollen Sie Küssen, verschenken Sie Narzissen.
Matthes	Und, was hast du verschenkt?
Fritzchen	Einen großen Strauß mit Wicken.

Szene 25

Trudi	Fritzken, komm du mal zu uns rüber, lass die Männer mal kurz in Ruhe.
Fritzchen	Ich will aber bei den Männern bleiben.
Trudi	Du kommst jetzt sofort rüber, aber zackig.
Fritzchen	Ich komm ja schon.

Wilma	Als der Schweinebauer auf den Schündelenhöfe Tag der offenen Türe hatte, war der Sauerbrei auch da. Einer von der Presse knipste ihn neben drei so kleinen Schweinchen. Da sagt der Sauerbrei zum Fotografen: Dass sie mir aber nicht so ein dummes Zeug unter das Bild schreiben, wie: Sauerbrei und die Schweine oder so. Nein, nein, geht schon klar. Am nächsten Tag war das Bild in der Zeitung. Als Titelbild, direkt vorne auf der ersten Seite und wisst ihr was da stand?
Fine	Nein, was denn?
Wilma	Unter dem Foto stand: Sauerbrei, dritter von links.
Drickes	Kennst du den anderen von der Jury, den Knöterich oder wie der heißt?
Boeken	Ja, den kenne ich. Der ist doof. Der ist Fachverkäufer für Kopfbedeckungen aus Leichtmetall.
Drickes	Ach, so ein Aluhutträger? Und er trägt die alle zur Probe?
Knöterich	Das habe ich gehört.
Sauerbrei	Genau. Ein wenig mehr Etikette bitte. Sonst überlegen wir unser Urteil über diesen Schrebergarten noch einmal.

184

Drickes	Wollen sie uns drohen?
Sauerbrei	Nein, ich habe nur laut gedacht.
Knöterich	Ich bin Hutmacher, deshalb trag ich die Hüte. Wie ich gehört habe, Herr Drickes, arbeiten Sie in der Brauerei?
Drickes	Ja, da bin ich auch sehr froh drüber. Ich darf sogar jeden Monat zehn Kisten Bier mitnehmen.
Sauerbrei	Zehn Kisten? Was machen Sie denn mit dem ganzen Rest?
Drickes	Den Rest kaufe ich bei Mariechen.
Fritzchen	Darf ich mal kurz stören?
Drickes	Was ist denn?
Fritzchen	Ne, nix, ich wollte nur stören.
Drickes	Verzieh dich!

Szene 26

Boeken	Ist das die Jury?
Matthes	Ja, die sind schlau.
Boeken	Stimmt. Ein IQ von 120 ist schon sehr gut.

Matthes	Blöde ist nur, wenn sich den vier Leute teilen.
Drickes	Und? Liebe Jury, was sagen Sie so über unsere Schrebergartenanlage?
Sauerbrei	Nicht so voreilig.
Knöterich	Lassen Sie uns doch erst mal ankommen. Wir müssen uns beratschlagen.
Drickes	Bevor ich es vergesse. Liebe Jury, hier in der Kiste ist noch ein Geschenk für Sie. Sie werden keine besseren finden.
Knöterich	Ein Geschenk? Das wäre ja Bestechung.
Drickes	Nee, da habe ich mich falsch ausgedrückt. Anschauungsobjekte sind das. Damit sie wissen, wovon sie reden.
Sauerbrei	Etwas zu essen wäre nicht schlecht.
Pfarrer	Und auch noch etwas zu trinken.
Matthes	Die wollen erst essen und trinken, bevor die uns ihr Urteil verkünden.

Szene 27

Fritzchen	Ich unterhalte die in der Zwischenzeit ein wenig. Ich kenne einen Witz.

186

Sauerbrei	Erzähl.
Fritzchen	Na gut. Unterhalten sich zwei Haifische, fragt der eine: Wo warst du so lange? Antwortet der andere: Ich hatte einen Viersener verschluckt, der war so hohl, da konnte ich 5 Tage nicht tauchen.
Knöterich	Das ist ja eine Unverschämtheit. Du dummer Junge.
Fritzchen	Ich bin nicht dumm.
Knöterich	Na gut. Dann nenn mir 10 Tiere, die in Afrika leben.
Fritzchen	4 Giraffen und 6 Elefanten.
Pfarrer	Nenne drei Nadelbäume.
Fritzchen	Tanne, Fichte, Oberkiefer.
Knöterich	So ein Quatsch. Vielleicht weißt du ja das: Was ist eine Wüste?
Fritzchen	Ein Gebiet, in dem nichts wächst.
Knöterich	Gut. Kannst du mir auch ein Beispiel nennen?
Fritzchen	Ja. Der Schrebergarten vom Doll.
Drickes	Bist du wahnsinnig? Rede unsere Schrebergärten nicht schlecht.

Sauerbrei	Stottert der immer so?
Drickes	Nein, nur wenn er was sagen möchte.

Szene 28

Matthes	Könnt ihr uns denn nicht schon einen klitzekleinen Hinweis geben, wie euch unser Garten gefallen hat?
Bürgermeister	Na gut. Die Parzelle mit der Voliere hat uns sehr gut gefallen.
Pfarrer	Die Vögel werden auch artgerecht gehalten.
Matthes	Das kann ja nur meine Parzelle sein. Ich besitze eine Voliere mit Kanarienvögeln.
Fine	Keiner kennt sich mit Vögeln so gut aus wie der Matthes.
Bürgermeister	Wusstest du übrigens, dass es auf den kanarischen Inseln keinen einzigen Kanarienvogel gibt?
Matthes	Ja sicher, weiß ich das. Das gleiche gilt übrigens auch für die Jungfraueninseln: Kein einziger Kanarienvogel.

Szene 29

Fritzchen	Apropos Jungfraueninseln, fährst du dieses Jahr in Urlaub?
Lisbeth	Nein, ich bleibe im Schrebergarten, in deiner Nähe.
Fritzchen	Du denn, Matthes?
Matthes	Ja.
Lisbeth	Wohin?
Matthes	Ich habe mit einem Dartpfeil auf eine Weltkarte geworfen, weil wir uns nicht entscheiden konnten wohin.
Lisbeth	Und?
Matthes	Mariechen, sag du ihnen, wohin es geht.
Mariechen	Also, er sollte einen Pfeil auf die Weltkarte werfen und da wo der Pfeil stecken bleibt, fahren wir hin. Und was soll ich sagen? Wir bleiben dieses Jahr drei Wochen hinter dem Kühlschrank.

Szene 30

Fritzchen	Ich war erst einmal in Urlaub, auf Schulausflug in Bayern, da habe ich hinter einem Busch ein Liebespaar gesehen.

Lisbeth	Ja und?
Fritzchen	Habe ich zu meiner Lehrerin gesagt: Frau Lehrerin, das sind aber keine Rheinländer.
Lisbeth	Wie kamst du denn da drauf?
Fritzchen	Das gleiche hat die Lehrerin auch Gefragt: Fritzchen, wie kommst du denn da drauf? Habe ich geantwortet: Rheinländer schunkeln anders.

Szene 31

Bürgermeister	Wir kommen nun zur Verkündung unseres Ergebnisses.
Frauen	Huch, da sind wir gespannt.
Sauerbrei	Ganz gut gefallen hat uns der Garten von Frau Fine.
Fine	Die meinen mich.
Sauerbrei	Die Vielfalt der Blumen die wir gesehen haben. Zum Beispiel: Löwenmaul.
Trudi	Löwenmaul, das passt zu Fine.
Sauerbrei	Schwarzäugige Susanne und Gespensterblume.
Wilma	Hört sich an, als hätten sie Fine bewertet und nicht ihre Blumen.

Sauerbrei	Rührmichnichtan, Vergissmeinnicht, Fuchsschwanz, Fleißiges Lieschen und Männertreu.
Trudi	Ja, der Garten spiegelt die eigene Seele wieder.
Sauerbrei	Für diese Vielfalt gibt es eine Urkunde.
Fine	Danke schön.
Pfarrer	Ich verstehe gar nicht, warum diese Frau alleinstehend ist.
Bürgermeister	Das wird schon seine Gründe haben, wenn die Rührmichnichtan in Massen im Garten hat.
Wilma	Der Mann der sich das Fine schön trinken will, stirbt an Alkoholvergiftung.

Szene 32

Matthes	Fritzken, bist du eigentlich noch mit Lisbeth zusammen?
Fritzchen	Was wir jetzt bereden bleibt aber unter uns!
Matthes	Ja sicher, Jung.
Fritzchen	Ich bin nicht mehr so richtig mit ihr zusammen.

Matthes	Was heißt denn nicht mehr so richtig?
Fritzchen	Wir haben uns getrennt, haben aber noch ab und zu – na du weißt schon.
Matthes	Sei auf jeden Fall immer schön vorsichtig.
Fritzchen	Bin ich, Onkel Matthi. Hör mal, eine Frage hätte ich an dich.
Matthes	Was denn?
Fritzchen	Was ich immer schon wissen wollte. Wenn man Sex mit der Ex hat, reitet man dann auf der Vergangenheit rum?
Matthes	Jetzt ist es aber gut!

Szene 33

Knöterich	Kommen wir zum nächsten Preis. Die schönste Laube hat Frau Wilma Boeken.
Wilma	Habt ihr das gehört?
Knöterich	Die Wände der Laube sind in einer sehr schönen grünen Farbe gestrichen und passen sich der Umgebung zu einhundert Prozent an.
Wilma	Die Farbe für die Wand habe ich ausgesucht.

Fine	Ja, die Wand musste neu gestrichen werden, weil ihr Alter nach der letzten Feier alles vollgereihert hatte.
Wilma	Ruhig jetzt!
Knöterich	Eine Frage hätte ich aber noch: Ich weiß ja, dass sie Jägerin sind. Aber warum hängt da ein Bild von ihrem Mann mittig zwischen den Jagdtrophäen?
Wilma	Ach, wissen sie Herr Knöterich. Das Bild von meinem Mann hängt zwischen den Jagdtrophäen, weil mein Mann ist der größte Bock, den ich je geschossen habe.

Szene 34

Bürgermeister	Kommen wir nun zum Preis für die besten Obstgehölze und Gemüsebeete.
Wilma	Seit ich in unserem Garten nur noch Bioobst anpflanze, haben unsere Fruchtfliegen richtig gesunde, rote Bäckchen.
Pfarrer	Ob ihr es glaubt oder nicht, es war ein Kopf an Kopf Rennen. Zum einen gibt es in der Parzelle von Drickes die dicksten Kartoffeln.

Bürgermeister	Man sagt ja, die dümmsten Bauern haben die...
Trudi	Unverschämt! Ich hau dir gleich vor deinen Kappes.
Bürgermeister	Verblüffend war aber noch ein anderer Garten. Erstaunt hat uns in diesem Garten die unglaubliche Länge der Gurken.
Pfarrer	Ich habe noch nie so lange Gurken gesehen.
Sauerbrei	Ich auch nicht.
Knöterich	Ich auch nicht.
Fritzchen	Die meinen bestimmt die Gurken von Tante Fine, weil sie immer nackt durch der Garten rennt.
Bürgermeister	Letztendlich ausschlaggebend waren aber die Kartoffeln.
Knöterich	Es handelt sich um die Sorte Ackersegen. Eine runde, längliche Knolle, in typisch gelber Färbung.
Fritzchen	Ein gelbe, länglich, runde Knolle? Sag mal, die reden gar nicht von deinen Kartoffeln, sondern von deinen Fußnägeln.

Knöterich	Wir haben uns letztendlich doch für den Garten mit den Kartoffeln entschieden. Hier ist die Urkunde.

Szene 35

Drickes	Och, was habe ich für ein Glück. Da hat sich die Arbeit ja gelohnt. Da kann ich Euch ja auch direkt meine Rede zur Wahl des Gartenlaubenvorsitzenden mitteilen: Liebe Laubenbesitzer*innen und Gartenparzellennutzende Viele Jahre ernte ich schon die dicksten Kartoffeln, bin aber trotzdem nicht der Dümmste unter den Dummen.
Alle	Bravo, Wiederwahl
Drickes	Als Gartenchef von deä Poalhött, maak ich doch jede Uusel möt. Deshalb dürft ihr mich auch wiederwählen, müsst euch nicht mit anderen quälen. Und ihr wisst ja, werde ich gewählt, wird das Bier auch nicht gezählt.
Alle	Bravo, Wiederwahl!

Drickes	Noch ein Hinweis an die Herren. Wenn ihr mir noch mal vertraut, wird nach der Wahl wieder rumgesaut. Und zu den Frauen muss ich sagen, ihr kümmert euch mal um die Blagen. Also lasst mich nicht im Stich, wählt mich!
Wilma	Hat der noch alle Latten am Zaun?
Fine	Buuuhhhh!

Szene 36

Lisbeth	Mariechen stellt sich dieses Jahr auch zur Wahl. Warum soll nicht mal eine Frau Vorsitzende werden?
Trudi	Und sie hat auch eine Rede. Komm Mariechen, erzähl uns, warum wir dich zur Vorsitzenden wählen sollen.
Mariechen	Wenn wir uns kümmern um die Blagen, wer soll dann euer Bier hertragen? Lass die Kinder schön in Ruh, sonst klopp ich dir die Äuglein zu. Die Pann' dafür, die hab' ich schon, also komm runter von deinem Thron. Deä Schreberjaat das ist ein Fleck, da läuft der Mann der Frau gern weg. Ihr könnt hier jäten und könnt sähen und manchmal auch den Rasen mähen.

Fast jeden Tag da seid ihr hier
und trinkt so ein bis zwanzig Bier.
Am Wochenend' mit Sonnenschein,
da zieht ihr euch noch mehr Bier rein.

Und seid ihr dann am Abend breit,
ist euch der Weg nach Haus zu weit.
Dann bleibt ihr schon mal gerne hier,
und trinkt euch noch 'ne Kiste Bier.

Am nächsten Mittag, meist so ab vier,
greift ihr schon wieder nach 'nem Bier.
Und wenn wir euch das Essen bringen,
seid ihr meistens schon am Singen.

Den Schreberjaat findet ihr toll,
hier haut ihr euch die Hucke voll.
Werd' ich gewählt, lass ich euch
kreuchen
und werd' euch durch den Garten
scheuchen.

Zu trinken gibt`s, wenn überhaupt,
nur noch, wenn Mutti es erlaubt.
Auf's nächste Bier lass ich euch warten,
es lebe hoch, die Frau im Garten.

Frauen   Bravo!

Bürgermeister   Nur gut, dass die Wahl erst in zwei
Wochen ist und sich alle über die
beiden Wahlreden noch mal Gedanken
machen können.

Pfarrer	Ja, das kannst du laut sagen, sonst würde es heute noch mächtig Ärger geben.

Szene 37

Knöterich	Dann kommt jetzt hier die wichtigste Entscheidung heute.
Sauerbrei	Genau! Der alles entscheidende Preis. Mir kommt es nur sehr schwer über die Lippen. In diesem Jahr ist die schönste Schrebergartenanlage aus ganz Viersen, Süchteln, Boisheim und Dülken, die Anlage hier an der Poalhött!
Alle	Juchhu, Bravo!
Matthes	Herzlichen Glückwunsch an alle, wir haben gewonnen. Lasst uns feiern und zum Abschluss unser Kleingärtnerlied singen.

Lied:

Kleingärtnerlied

Wenn Du einen Garten hast, dann ist das wunderbar.
Mit 'ner kleinen Laube drin, dann ist doch alles klar.
Und wenn der liebe Frühling kommt, dann hält mich nichts
zu Haus, ich muss zu meinem Garten hin, dann zieht`s
mich einfach raus.

Refrain:

Ich bin ein Kleingärtner, und das ist schön. In meinem Garten gibt es viel zu seh'n. Mein kleiner Garten ist mein Ruhepol. In meinem Garten fühle ich mich wohl.

Die Gartenarbeit tut mir gut, dann brauch ich nie 'ne Kur. Ich lege meine Beete an, gerade mit 'ner Schnur. Ich sitze dann im Campingstuhl und trinke mir ein Bier. Der Bauch kommt nicht von ungefähr, denn oft trink' ich auch mehr.

Refrain:

Ich bin ein Kleingärtner ....

Und wenn dann alles blüht und grünt, lieg' ich im Liegestuhl. Der Himmel blau, die Sonne lacht, dann ist das richtig cool. Dann mach ich mir 'ne Flasche auf und trinke auf mein Wohl, und halte dann 'nen Mittagsschlaf, das ist doch wundervoll.

Refrain:

2x Ich bin ein Kleingärtner ...

„Eiertitschen"

Bühnenstück
Einakter
von André Schmitz

Beschreibung:

In diesem Jahr ist das Thema im „Aat Dölker Stöckske" das Eiertitschen.

Das Ostereiertitschen wird auch „Ticken", „Ditschen", „Döt-schen", „Tütschen", „Pecken" oder „Dotzen" genannt. Es gibt noch viele weitere Bezeichnungen für diesen alten Osterbrauch.
Die Kölner nennen dieses Spiel zum Beispiel auch „kippe" oder „kippen" und erste Aufzeichnungen über das Ostereierkippen stammen aus dem Jahr 1810. Getitscht wird nicht nur in Deutschland, sondern auch in Schweden, Österreich, Griechenland, den Balkanstaaten, Russland und vielen weiteren Ländern.

Zwei Spieler treten gegeneinander an, jeder hat ein Ei und einer schlägt, „titscht", mit seiner Eierspitze gegen die Eierspitze seines Gegners. Ziel ist es, die Eierschale seines Gegenspielers zu zerbrechen. Sieger ist, wessen Ei zum Schluss noch unversehrt ist. Das Eiertitschen war und ist auch heute noch ein willkommener Brauch in den Wirtshäusern am Niederrhein. Es werden hartumkämpfte Eiertitschduelle ausgespielt, der Sieger erhält neben der Ehre auch ein kleines Präsent.

Der für seine Geselligkeit und Spielfreude bekannte Dülkener liebte dieses Spiel und es wurde in vielen Kneipen ausgetragen. Früher jedoch noch wesentlich häufiger als heute. Im Aat Dölker Stöckske lädt Mariechen zum Titschen ein. Wie so oft wenn gespielt wird, gibt es immer Leute, die mit den unmöglichsten Dingen versuchen das Spiel zu manipulieren. Eier wurden ausgetauscht, stundenlang hartgekocht oder mit anderen Mitteln gezinkt. Wer alles mitspielt, wer gegen wen antritt, was getratscht wird und wer letztendlich gewinnt, erfahren Sie nun im Bühnenstück Eiertitschen.

Bühnenbild:

Innenraum einer rustikalen Gaststätte mit Tischen, Stühlen und Theke. Ablagetisch für die Pokale.

Requisiten:

Genügend Eier zum Titschen, Osterhasen, grüne Nester mit Eiern und Süßigkeiten, Gipseier. Ein riesengroßes, überdimensionales Ei. Pokale für die Sieger.

Schlusslied:

Klingelingeling hier kommt der Eiermann

Erklärungen zur Dülkener Mundart:

Eärpelschlaat	Kartoffelsalat
Mich ös et Driietjuut und Fuurzjelonge	Redensart: Mir geht es richtig gut
Jaat	Garten
Tram	Straßenbahn
Jutsch	Guss (Flüssigkeit)
Jrießknötter	Nörgler
Drüemel	Schlafmütze
Trumm	Großes Teil von etwas, dicker Mensch
Fiise Möp	Ekliger Kerl
Eene jooe Jutsch	Ein guter Schuss
Söllerjeet	Hagere Frau
Kall dich net möch	Rede nicht so viel
Jev et noch eine Herrjott	Ausruf: Ja, gibt es noch einen Herrgott

Es spielen:

Mariechen	Wirtin
Matthes	Wirt
Schlippes	Eiertitscher
Drickes	Eiertitschorganisator
Trudi	Frau Drickes, Eiertitscherin
Fritzchen	Sohn von Drickes, Eiertitscher
Boeken	Polizist, Eiertitscher
Wilma	Frau Boeken, Eiertitscherin
Fine	Eiertitscherin
Pfarrer	Eiertitscher
Herr Voss	Bürgermeister, Eiertitscher
Herr Sauerbrei	Viersener Eiertitscher
Frau Sauerbrei	Viersenerin, Eiertitscherin
Erwin	Patenkind von Sauerbrei, Eiertitscher
Herr Knöterich	Schiedsrichter
Hasi	Osterhase

Szene 1

(Schlippes und Matthes räumen auf)

Matthes	Schlippes, guck mal! Ich habe einen schönen Preis für den Sieger vom Eiertitschen. *(hält ein überdimensionales Ei in die Höhe)*
Schlippes	O, das ist ja mal ein großes Gänseei.
Matthes	Das ist doch kein Gänseei. Das ist etwas ganz Besonderes, ein Emuei.
Schlippes	Was ist denn ein Emu?
Matthes	Ein Emu ist wie ein Strauß, nur das er halt Emu heißt.
Schlippes	„Jeck, datte bös." Wo kommt das Emuei denn her?
Matthes	Das habe ich mir von einem Aborigine schicken lassen, aus Australien
Schlippes	Eine was?
Matthes	Aborigines, das sind die Ureinwohner dort. Ich glaube, die ernähren sich nur von so etwas.

Schlippes	Ureinwohner? Du hältst mich doch zum Narren. Die wohnen doch nicht in einer Uhr.
Matthes	Du bist sowas von dämlich. Die sind von Anfang an die ersten Menschen in Australien gewesen. Deshalb sagt man Ureinwohner zu den Aborigines.

Szene 2

Drickes	*(trägt einen Pokal hinein)* Du bist mir auch so ein Aborigine. Die essen doch nicht nur Straußeneier, äh, Emueier. Die essen das gleiche wie du auch.
Matthes	Ach, ja? Aber bestimmt nicht den glei- chen Driss, wie Mariechen ihn kocht.
Drickes	Wie sieht es denn aus? Sind die Eier für das Titschen schon da?
Matthes	Noch nicht! Der Osterhase liefert sie gleich noch.
Schlippes	Matthes, du meinst auch, wir glauben dir alles. Wir sind doch nicht blöd.
Matthes	Haha, ich habe extra einen Osterhasen für heute besorgt. Lasst euch überra- schen.
Schlippes	Den echten Osterhasen?

Drickes	Boah, du Doof, Es gibt den Osterhasen doch nicht wirklich.
Schlippes	Gibt es wohl! Ich habe heute Morgen noch bei meiner Mutter im Garten Eier gesucht. Und Mama hat gesagt, die Eier hat der Osterhase versteckt.
Matthes	Drickes, erzähl mir noch einmal die Regeln des Eiertitschens.
Drickes	Die sind ganz einfach. Es stellen sich zwei Titscher gegenüber. Jeder hält ein Ei in der Hand und einer darf titschen.
Schlippes	Wer denn?
Drickes	Das wird vorher vom Schiedsrichter ausgelost, wer titschen darf.
Schlippes	Aha.
Drickes	Und bei wem das Ei kaputtgeht, der hat verloren und ist raus. Das kaputte Ei ist dann für den Sieger, er darf es essen.
Matthes	Und ich habe mir auch noch etwas ausgedacht. Der Verlierer muss Hasenohren und Hasenzähne anziehen.
Schlippes	Haha, das ist eine gute Idee, Matthes. Das sieht bestimmt doof aus. Ich sehe dich schon mit den Hasenzähnen...

Matthes	Ich werde nicht verlieren. Ich werde meinen Eiertitschsiegertitel verteidigen.
Schlippes	Wer hat eigentlich letztes Jahr gewonnen?
Drickes	Hör doch zu, du Jeck. Wenn der Matthes sagt, dass er den Titel verteidigen wird, dann bedeutet das, dass er das Eiertitschen im letzten Jahr gewonnen hat.
Schlippes	Das konnte ich da aber nicht so genau heraushören.

Szene 3

(Mariechen kommt mit einer großen Schüssel)

Mariechen	Tach, teessaaame und frohe Ostern!
Alle	Tag, Mariechen.
Mariechen	Ich bringe den Eärpelschlaat. Was wäre das Eiertitschen ohne meinen Eärpelschlaat.
Matthes	Das wäre viel schöner und auf jeden Fall gesünder.
Mariechen	Wie bitte? Na gut, du bekommst schon mal nichts davon!
Matthes	Da habe ich ja noch mal Glück gehabt.

Szene 4

Drickes	Wie geht es dir, Mariechen?
Mariechen	Tach, Drickes. Schön, dass sich wenigstens einer nach meinem Befinden erkundigt. „Mich ös et Driietjuut und Fuurzjelonge."
Matthes	Haha!
Mariechen	Möchte jemand einen Kaffee?
Drickes	Auf keinen Fall, Kaffee macht aggressiv.
Matthes	Quatsch! Kaffee macht doch nicht aggressiv.
Drickes	Doch! Ich hatte gestern 15 Bier in der Kneipe und meine Frau hatte 3 Kaffee zu Hause. Ihr könnt euch gar nicht vorstellen, wie aggressiv meine Frau war, als ich nach Hause kam.
Mariechen	Setzt euch schon mal, dann bringe ich euch statt Kaffee halt ein Bier.
Alle	Ja, das ist viel besser.
Schlippes:	Aber ich hätte gerne ein Bier mit Limo.
Matthes	Was möchtest du?
Schlippes:	Ein Bier mit Limo.

| Matthes | Kommt überhaupt nicht in Frage. Hier gibt es keine Biermischgetränke. Das grenzt ja schon an Bierquälerei. |

Szene 5

Schlippes	Wer kommt eigentlich alles zum Eiertitschen?
Matthes	Der Boeken wollte zusammen mit seiner Frau kommen.
Drickes	Meine Frau und mein Junge, Fritzchen, kommen auch titschen.
Matthes	Und der Bürgermeister.

Szene 6

Schlippes:	Matthes, sag mal, warum bist du eigentlich so blass?
Matthes	Wegen der Schnapspralinen.
Schlippes:	Was denn für Schnapspralinen?
Matthes	Ich habe gestern drei Schnapspralinen gegessen, davon ist mir immer noch schlecht. Die haben so was von reingehauen.

Mariechen	Schnapspralinen? Der hat sie doch nicht alle. Matthes hat drei großen Schoko-osterhasen die Ohren und den Kopf abgebissen, dann eine ganze Flasche Mariacron hineingefüllt und getrunken. Von wegen Schnapspralinen.

Szene 7

Schlippes:	Ich freue mich schon darauf, wenn der Osterhase gleich kommt.
Matthes	Ich habe dir doch gesagt, es gibt keinen richtigen Osterhasen.
Schlippes	Mariechen, die sagen die ganze Zeit, dass es keinen richtigen Osterhasen gibt.
Mariechen	Gibt's auch nicht.
Schlippes	Aber ich habe ihn gestern noch gesehen. Bei meiner Mama in deä Jaat. Ich kann dir auch genau sagen, wie er aussah.
Mariechen	Na, da bin ich aber mal gespannt.
Schlippes	Er stand im Garten hinter einem Strauch, auf den Hinterbeinen, hatte große Ohren mit Haare drin, zwei lange Hasenzähne, ein buschiges Fell und einen Stummelschwanz.

Mariechen	Große Ohren mit Haaren drin, Hasenzähne, buschiges Fell und einen Stummelschwanz? Na gut, das muss nicht unbedingt der Osterhase gewesen sein. Da kenne ich genug Männer, auf die das ebenfalls zutrifft.

Szene 8

Boeken	Guten Tag.
Drickes	Warum bist du so spät?
Boeken	Ich saß in der Tram und da hat eine Mutter ihren vier Kindern eine Geschichte vorgelesen.
Drickes	Na und?
Boeken	Ich bin sechs Haltestellen zu spät ausgestiegen, weil ich unbedingt wissen wollte, ob der Zwerg seine Mütze zurückbekommt.
Matthes	Boeken, was willst du trinken?
Boeken	Gerne ein Bier. Und hast du auch schon etwas zu essen?
Matthes	Ja, sicher. Möchtest du Fisch?
Boeken	Fisch? Sehe ich so aus, als würde ich Fisch essen? Der leckerste Speisefisch ist der Schnitzel!

Matthes	Wir haben auch schon den ersten Spargel.
Boeken	Dann nehme ich ein Schnitzel mit Spargel.
Drickes	Ich auch, bitte.
Matthes	Das ist eine sehr gute Wahl. Unser Spargel ist nämlich auch öko.
Drickes	Was ist denn an eurem Spargel öko?
Matthes	Die Erntehelfer sind alle mit dem Rad aus Polen gekommen.

Szene 9

Drickes	Wo bleiben eigentlich unsere Frauen?
Boeken	Du hast recht! Sie müssten schon längst da sein.
Matthes	Ihr wollt mir doch wohl nicht erzählen, dass ihr euch Sorgen macht, nur weil eure Frauen noch nicht da sind?

(Ein Telefon klingelt)

Matthes	Hier bei Mariechen in der Kneipe. Ah ja, der ist hier. Moment mal, ich sage ihm Bescheid. Drickes, deine Frau, die Trudi, ist am Telefon.

Drickes	Hallo Liebchen, ist etwas passiert? Wie, das Auto fährt nicht? Sitzt du denn schon drin? Ach, Schatzi, wenn ich nicht dabei bin, musst du doch links sitzen.
Boeken	Hat sie gedacht, das Auto fährt von selbst?
Drickes	Ja, aber nun ist sie unterwegs und holt auch noch Wilma und Fine ab.

Szene 10

Boeken	Da kommt Fritzchen.
Drickes	Hallo Jung, komm zu uns. Mariechen, machst du ihm bitte auch ein Bier.
Fritzchen	Guguguten Tag!
Boeken	Fritzken, du bist ja alleine. Wo ist denn deine Freundin?
Fritzchen	Meine Freundin hatte eine Knie-OP. Sie kakakann nicht gehen. Ich habe ihr jetzt den Rollstuhl verververssteckt. Sie ist stinksauer, aber ratet mal, wer ggggleich wieder angekrochen kommt.

Szene 11

Schlippes	Habt Ihr das Bild hier in der Zeitung gesehen?
Matthes	Oh wiieee!

Boeken	Guck mal, hier auf dem Bild, zieht sich die Frau gerade an oder aus?
Drickes	Fritzken, was meinst du? Zieht sie sich gerade an oder aus?
Fritzchen	Ich verstehe, die Frage nicht. Das ist doch ganz klar, sie zieht sich an.
Boeken	Warum bist du dir da so sicher?
Fritzchen	Na, das steht doch hier. Das Bild ist gemalt nach einem Stich von Rembrandt.
Matthes	Nach einem Stich von Rembrandt. Ich hasse es, wenn Leute so auf intellektuell machen und zum Beispiel über van Gogh sprechen, aber noch nie eine Oper von ihm gehört haben.

Szene 12

(Die Frauen kommen)

Boeken	Da kommen ja unsere Hübschen.
Drickes	Und? Hat alles geklappt?
Trudi	Hättest mir ja sagen können, dass ich selber fahren muss.
Matthes	So, Boeken, Drickes, hier ist euer Essen.
Beide	Danke, Matthes.

Matthes	Das Fleisch auf der Platte ist für euch beide.
Boeken	Steh noch mal auf. Zum Essen ist das mein Platz.
Drickes	Ich sitze doch hier.
Boeken	Das sehe ich, aber zum Essen muss ich hier sitzen.
Drickes	Warum?
Boeken	Mein Zahnarzt sagt, ich soll mal auf der anderen Seite kauen.

Szene 13

Fine	Matthes, würdest du uns auch etwas zu trinken servieren?
Matthes	Ja, mache ich sofort. Hör mal Trudi, hast du abgenommen?
Trudi	Hast du mich gerade rückwirkend fett genannt?
Matthes	Äh, nein. Ich wollte nur...
Drickes	Lass gut sein, Matthes. Da bekommst du sowieso kein Recht.
Trudi	Matthes, hast du noch von dem leckeren Eierlikör?

Matthes	Ja, sicher. Wie viel soll ich denn in eure Gläser füllen?
Fine	Nimm die Dülkener Maßeinheit.
Wilma	Dülkener Maßeinheit?
Fine	Ja, eene jooe Jutsch!

Szene 14

Drickes	Boeken, sollen wir uns das letzte Stück Fleisch teilen?
Boeken:	Nein, danke. Das schaffe ich alleine.
Drickes	Du Vielfraß!
Fine	Wilma, dein Mann ist aber eine Jrießknötter beim Essen.
Wilma	Nicht nur beim Essen. Er ist ja jetzt auch schon im Geranienalter.
Trudi	Geranienalter? Was soll das denn sein?
Wilma	Er kommt von stehend in hängend.
Fine	Aber apropos essen. Ich würde gerne mit meinem Partner richtig schön essen gehen. Könnt ihr mir einen guten Partner empfehlen?

Trudi	Du bist ja nun schon lange alleine. Warum hast du denn deinen Mann damals rausgeschmissen?
Fine	Der war richtig fies zu mir.
Wilma	Was hat er denn gemacht?
Fine	Ach, einmal hat er gesagt: Willst du dir den Tag versauen, musst du in den Spiegel schauen.
Trudi	Das ist ja wirklich fies.
Fine	Und dann hat er gesagt: Willst du es noch schlimmer machen, probier' mal deine Sommersachen.
Wilmas	Den hätte ich auch rausgeschmissen.
Trudi	Dann spaziere doch mal über die Lange Straße oder den Alten Markt. Da gibt es doch genug Kneipen, in denen du jemanden kennenlernen kannst.
Fine	Ich gehe doch nicht alleine in die Kneipe.
Wilma	Dann geh halt durch die Geschäfte, da lernst du auch Leute kennen.
Fine	Geschäfte habt ihr ja einige und viele Bäcker.

Trudi	Stimmt! Bäcker haben wir viele. Man spricht hinter vorgehaltener Hand schon vom Brot-lichtviertel.

Szene 15

Wilma	Hör mal, Fritzchen. Wie ist es in der Schule?
Fritzchen	Gagaganz gut. Ich darf jetzt sogar noch mal ein Jahr länger machen.
Wilma	Dann bist du aber nicht gut in der Schule.
Fritzchen	Bin ich wohl!
Fine	Dann erzähle uns doch mal, was gibt das kräftige Huhn?
Fritzchen	Eier.
Wilma	Was gibt uns das dicke Schwein?
Fritzchen	Sch-sch-schinken.
Trudi	Was gibt uns die fette Kuh?
Fritzchen	Hausaufgaben.
Fine	Nun verstehe ich, warum du nicht so gut bist, in der Schule.
Fritzchen	Ich bin auch Meister im Schnellrechnen.

Wilma	Na, gut. Wie viel ist Neununddreißig mal Einundsiebzig?
Fritzchen	Neun.
Trudi	Das ist falsch.
Fritzchen	Aber schnell.
Fine	Ich habe aber gehört, du kannst gut singen.
Fritzchen	Oh, ja. Ich si-si-singe in der Liedertafel.
Fine	Dann komme ich bald mal zu einem Konzert, von euch.
Trudi	Tante Fine möchte nämlich einen Mann kennenlernen.
Fine	Quatsch. Es geht mir in erster Linie um den Gesang.
Fritzchen	I-i-ich habe es schon verstanden, Tatatante Fine. In der Liedertafel da gibt es viele Männer, die gut auf Frauen zu sprechen sind.

Szene 16

(Pfarrer, Bürgermeister und Schiedsrichter erscheinen)

Alle Frauen	Oh, da kommen neue Gäste.
Bürgermeister und Pfarrer	Guten Tag.

Wilma	Ah, der Bürgermeister und der Pfarrer.
Fine	Den Dritten kenne ich nicht. Er sieht aber gut aus.
Knöterich	Ich bin der Schiedsrichter, fürs Eiertitschen.
Wilma	Eiertitschen? Was ist das denn?
Knöterich	Zwei Eier schlägt man gegeneinander und das Ei, welches nicht kaputtgeht, hat gewonnen.
Fine	Unter Eiertitschen habe ich mir etwas ganz Anderes vorgestellt.
Trudi	Ach, Fine. Da ist deine Fantasie wieder mit dir durchgegangen.

Szene 17

Bürgermeister
Drickes, ich bin noch nicht angemeldet, würde aber gerne mit titschen.

Drickes   Kein Problem, du stehst schon auf der Liste.
Sie übrigens ebenfalls, Herr Pfarrer.
Wir fangen nun an. Alle, die auf der Liste stehen, sind da.

Szene 18

(Herr und Frau Sauerbrei kommen zusammen mit ihrem Patenkind Erwin)

Sauerbrei	Einen Moment, bitte. Wir stehen noch nicht auf der Liste, würden aber gerne mit Eiertitschen.
Drickes	Kein Problem! Sagen sie mir bitte ihre Namen.
Herr Sauerbrei	Gestatten, Sauerbrei!
Alle	Och nein, Vierscher!
Bürgermeister	Das ist eine öffentliche Veranstaltung. Hier darf jeder mitmachen.
Matthes	Aber doch keine Viersener.
Bürgermeister	Doch, jeder. Wir Dülkener sind da sehr tolerant.
Frau Sauerbrei	Vielen Dank.
Herr Sauerbrei (zeigt auf Boeken)	Schau mal, Schatzi, den kenne ich. Wir haben uns ja jahrelang nicht gesehen.
Boeken	Ja, jede Glückssträhne geht irgendwann mal zu Ende.
Erwin	*(zeigt auf Fritzchen)* Und ich kenne den. Du schon wieder. Egal in welche Kneipe ich gehe, immer treffe ich dich. Was machst du eigentlich?

Fritzchen	Ich bin Wirtschaftsprüfer. Und du denn?
Erwin	Ich bin Schneider, wie mein Patenonkel.

Szene 19

(Die Kneipentüre öffnet sich und der Osterhase kommt hereingehüpft)

Schlippes	Da! Habe ich es nicht gesagt. Da kommt der richtige Osterhase. Der stand auch im Garten meiner Mama.
Matthes	Du Blöd! Das ist doch nicht der richtige Osterhase, da steckt einer drin.
Osterhase	Hallöchen. Erkennt ihr mich als Osterhase, ja bestimmt an meiner Nase. Oder an den Hasenohren, damit wurde ich geboren. Auch an meinem Stummelschwanz und an meinem Eiertanz. Und wenn ich mich kräftig schüttel, ist alles voller Hasenküttel. Bevor sie beginnt, die große Feier, bring ich euch noch schnell die Eier. Keine Angst, es sind nicht meine, denn ihr wisst, ich hab ja keine. Ich leg sie hier auf diese Pritschen, dann könnt ihr gleich auch Eiertitschen. Habt nur Mut, ihr lieben Leute, die sind frisch, die sind von heute. So, jetzt ist mein Körbchen leer,

und ich trage nicht mehr schwer.
Werd' jetzt auch mal Pause machen,
mit euch trinken, mit euch lachen.
Und euch auch die Pfoten drücken,
damit das Titschen tut euch glücken.
Schluss jetzt mit dem Reimen hier,
Mariechen, ich hätte gern ein Bier.

Matthes	Sie kann dir auch ein Solei bringen, davon können wir ein Loblied singen. Mariechens Soleier sind der Knüller, bringen Tinte für den Füller.

Szene 20

Knöterich	So, ich gehe nun herum und jeder nimmt sich ein nummeriertes Ei. Danach geht es sofort los. Drickes, du kannst in der Zwischenzeit schon sagen, wer gegen wen titscht.
Drickes	In der ersten Runde gibt es folgende Titschpaarungen: Schlippes gegen Boeken. Fine gegen Trudi. Matthes gegen den Bürgermeister. Wilma gegen Frau Sauerbrei. Der Pfarrer gegen Herrn Sauerbrei. Schneidergeselle Erwin gegen Fritzchen. Und wie der Zufall es will, habe ich in der erste Runde ein Freilos.
Boeken	Na, klar. Wenn das mal alles mit rechten Dingen zugeht.

Knöterich	Die Auslosung wurde absolut korrekt nach den Eiertitschregeln durchgeführt.

Szene 21

(Alle stellen sich zum Titschen auf)

(Schlippes gegen Boeken)

Schlippes	Ha, ich habe gewonnen, dein Ei ist kaputt.
Boeken	Du Blödmann. Kann ich wenigstens das Ei haben und selber essen?

(Fine gegen Trudi)

Trudi	Und zack!
Fine	Ich hatte sowieso keine richtige Lust.
Trudi	*(steigt auf einen Tisch und tanzt)* Juchhu!
Fine	Tolle Beine!
Trudi	Findest du echt?
Fine	Ja, ehrlich, jeder andere Tisch wäre schon längst zusammengekracht.

Szene 22

(Matthes gegen Bürgermeister)

Bürgermeister	Haha, dein Ei ist kaputt.
Matthes	Du hast doch den Knall nicht gehört. Herr Schiedsrichter, kommen sie mal gucken.
Knöterich	Tut mir leid, Herr Bürgermeister aber ihr Ei ist angeknackst. Matthes kommt in die nächste Runde.
Bürgermeister	Ich lege Widerspruch ein.
Matthes	Setz dich hin, du Drüemel und akzeptiere das Urteil.

Szene 23

(Wilma gegen Frau Sauerbrei)

Frau Sauerbrei	Schatzi, ich habe gewonnen. Das Ei von ihr ist kaputt.
Wilma	Das gibt es doch nicht. Ausgerechnet ich verliere gegen die dicke Trumm.
Herr Sauerbrei	Mäßigen sie sich etwas. Meine Frau ist eine Fee.
Wilma	Ja, eine Katastrofee.

Szene 24

Knöterich	Das nächste Eiertitschduell führen der Herr Pfarrer gegen Herrn Sauerbrei.

Herr Sauerbrei   Das tut mir leid, Herr Pfarrer aber da war der liebe Gott auf meiner Seite.

Pfarrer   Es sei ihnen gegönnt.

Szene 25

(Erwin gegen Fritzchen)

Erwin   Jawoll! Ich habe gewonnen!

Fritzchen   Da-da-das kann gar nicht. Das hat sich ganz komisch angefühlt. Als hätte er mit einem Ha-ha-hammer auf mein Ei gekloppt.

Knöterich   Darf ich mal sehen? Oh, was ist das denn? Dieses Ei wurde manipuliert, es wurde mit Gips gefüllt. Ich muss dich disqualifizieren.

Fritzchen   Ha, ich habe gewonnen, dein Ei ist „manipüriert".

Erwin   Das muss mir irgendein Dülkener untergejubelt haben.

Fritzchen   Boah, das hässliche Schneiderlein wollte mich betrügen. Ich hau dir dein Gi-gi-gipsei um die Ohren.
(wirft ihm zwei Eier an den Kopf)

Erwin   Du kriegst gleich hässliches Schneiderlein...

Knöterich	Schluss jetzt, Fritzchen. Sonst muss ich dich auch noch disqualifizieren.

Szene 26

Wilma	Herr Schiedsrichter, kontrollieren Sie bitte auch das Ei vom Sauerbrei. Ich habe gegen ihn verloren und wenn sein Patenkind schon betrügt...
Frau Sauerbrei	
	Ich muss doch sehr bitten. Ich entschuldige mich für mein Patenkind. Ich schäme mich.
Wilma	So wie die aussieht, würde ich mich auch schämen.
Herr Sauerbrei	Meine Frau ist schön!
Wilma	Schön ist deine Frau nun wirklich nicht. Aber es gibt auch hübsche Viersener und es gibt auch intelligente Viersener.
Trudi	Nur beides zusammen, hübsche und intelligente Viersener, die gibt´s nicht. Sonst wären es ja Dülkener.
Knöterich	Die Eier von Herrn und Frau Sauerbrei sind nicht manipuliert. Sie dürfen beide weiter titschen.

Szene 27

Fritzchen   Das kleine Ar-ar-arschloch hier setzt sich am besten ganz weit weg von mir. Am besten neben den O-o-osterhasen.

Herr Sauerbrei

Es tut mir leid, dass mein Patenkind versucht hat auf diese Weise zu gewinnen. Aber rede nicht so über ihn. Der Schlauste bist du nämlich auch nicht.

Fritzchen   Was willst du denn?

Herr Sauerbrei Du kannst mir doch nicht mal vier Körperteile nennen!

Fritzchen   Hals, Maul, Arsch, Gesicht!

Matthes   Gut Fritzken! Das waren genau Vier. Hals, Maul, Arsch, Gesicht. Da hast du nicht mit gerechnet, dass er das kann.

Szene 28

Knöterich   So, ich darf die Verlierer der ersten Runde bitte nach vorne zum Osterhasen bitten.

(Osterhase hoppelt nach vorne)

Osterhase	Das Titschen habt ihr ´grad verloren, drum bekommt ihr Hasenohren. Entschuldigt, dass ich das erwähne, aber hier sind auch noch Hasenzähne.

(zieht den Verlierern Hasenohren an und überreicht die Hasenzähne)

Knöterich	In der nächsten Runde stehen sich gegenüber: Schlippes gegen Herrn Sauerbrei. Matthes gegen Drickes. Und Fritzchen gegen Trudi. Freilos hat Frau Sauerbrei.
Alle	Schiebung! Das geht doch nicht mit rechten Dingen zu.
Fritzchen	Wieso hat die dicke Schrapnell aus Viersen ein Freilos?
Matthes	Nun beruhigt euch erst einmal alle. Ich bringe ein Ründchen auf's Haus.
Fritzchen	Ein Ründchen? Das ist gut. Matthes, ich hätte gerne auch etwas zu essen, ein Schniposa.
Matthes	Ein was?
Fritzchen	Ein Schniposa. Schnitzel, Pommes, Salat. Schniposa.

Szene 29

Wilma	Mariechen, komme mal bitte.
Mariechen	Was ist denn?
Wilma	Hast du mittlerweile bei meinem Mann Anzeige erstattet?
Mariechen	Nein, noch nicht.
Wilma	Dann mach das jetzt.
Mariechen	Boeken, hör mal, ich muss Anzeige erstatten.
Boeken	Och, nein. Kann man nicht einmal in Ruhe ein Bier trinken gehen.
Mariechen	Wegen sexueller Beleidigung.
Boeken	Was ist denn passiert?
Mariechen	Ihr kennt doch den Buscher Heini, hier aus Dülken.
Boeken	Ja, den kenne ich. Was ist denn mit ihm?

Mariechen	Er kam die Tage immer hier bei mir in die Kneipe und hat sich jedes Mal ganz nah neben mich gestellt und gesagt: Mariechen, dein Haar duftet so wunderbar gut. Eben war der wieder hier, kam wieder ganz nah an mich heran und sagte erneut: Mariechen, dein Haar duftet so gut. Jetzt reicht es mir, ich stelle ganz offiziell Anzeige wegen sexueller Beleidigung.
Boeken	Aber das ist doch ein schönes Kompliment, wenn jemand sagt, dass dein Haar gut riecht. Das ist doch keine sexuelle Beleidigung.
Mariechen	Ist das wohl! Der Buscher Heini ist nämlich sehr klein und geht mir nur bis hier, zur Hüfte.
Fritzchen	He Erwin, wusstest du eigentlich, dass einer von drei Viersenern genauso dummblöde ist, wie die anderen Beiden?

Szene 30

Erwin	Du bist doch selber blöde.
Fritzchen	Ich sage es mal po-po-positiv: Einer von uns beiden ist klüger als wies du!

Knöterich	Darf ich die Paare für die nächste Eiertitschrunde nach vorne bitten? Osterhase, komm du bitte auch nach vorne. Er wird nämlich im nächsten Jahr hier der Schiedsrichter sein.
Osterhase	Ich werd´ jetzt eure Eier sichten und dann über den Sieger richten.

Szene 31

(*Schlippes gegen Sauerbrei*)

Herr Sauerbrei

Haha. Es scheint als hätte ich dein Ei geknickt.

Schlippes	Du dämlicher Viersener, der du bist!
Osterhase	Ich hab' die Eier grad´ gesehen, der Schlippes kann nach Hause gehen.

Szene 32

(*Matthes gegen Drickes*)

Drickes	So wie es aussieht habe ich den Eiertitschsieger aus dem letzten Jahr gerade aus dem Spiel getitscht.
Matthes	Och, Mensch. Erst hat er ein Freilos und dann auch noch Glück.

Osterhase	Der Sieg hat nichts zu tun mit Glück, er titschte dein Ei, es zerbrach fast am Stück. Du darfst nun an den Tisch zurück.
Matthes	Geh mir nicht auf den Senkel.

Szene 33

(Fritzchen gegen Trudi)

Fritzchen	Tut mir leid, Mama. Ich glaube, dein Ei ist kaputt.
Trudi	Du fiese Möp! Da schmeißt der Junge seine eigene Mutter raus.
Osterhase	Das ging jetzt aber wirklich schnell. Fritzchen ist Sieger in diesem Familienduell.
Knöterich	Dann darf ich die Verlierer zu mir bitten.
Osterhase	Das Titschen habt ihr grad´ verloren, drum bekommt auch ihr nun Hasenohren. Entschuldigt, dass ich das erwähne, aber hier sind auch noch die Hasen-zähne.

Szene 34

Knöterich	Im Halbfinale titschen gegeneinander: In einem weiteren Familienduell Vater Drickes gegen Sohn Fritzchen und im zweiten Halbfinale Herr Sauerbrei und Frau Sauerbrei.

Alle	Pfui!
Wilma	Dann ist ja einer von den Viersenern auf jeden Fall im Finale.
Fine	Schiebung!
Trudi	Das gibt es doch nicht. Die alte Sauerbrei ist so hässlich, die ist früher beim Versteckspielen nie gesucht worden.
Frau Sauerbrei	
	Halten sie ihr böses Schandmaul.
Wilma	Sie Söllerjeet, die sie sind.
Trudi	Ich habe sie mal beim Frauenarzt getroffen. Da hat der Arzt gesagt: Oh, es sieht so aus, als wenn sie ein Kind bekämen. Och hat sie gesagt, ich bin schwanger? Nein antwortete der Arzt, es sieht nur so aus.

Szene 35

Pfarrer	Bitte keinen Streit. Ostern ist eine so schöne Zeit im Jahr, da sollen die Leute das Leben genießen.
Bürgermeister	Apropos genießen, Herr Pfarrer, ist Sex in der Fastenzeit eigentlich erlaubt?
Pfarrer	Ja, aber nur mit der eigenen Frau. Es soll ja Buße sein und keinen Spaß machen.

Bürgermeister	Und wenn man nicht verheiratet ist? Dann muss man ja mit einer...
Pfarrer	Wenn die Wollust euch überkommt, solltet ihr auf jeden Fall verhüten.
Boeken	Da muss er aber die kleinsten Kondome nehmen.
Drickes	Genau, das sind sogenannte Lachgummis.

Szene 36

Fritzchen	Ma-ma-matthes, du bist doch sch-schlau. Ich wollte auch schon immer was wissen: Wenn ich Buchstabensuppe wieder au-au-auskotze, ist das dann gebrochenes Deutsch?
Boeken	Und ich möchte Folgendes wissen: Wenn jemand eine Beziehung mit einem Clown beendet, ist dann Schluss mit Lustig?
Matthes	Habt ihr alle schon zu viel getrunken? Drickes, möchtest du vielleicht auch noch etwas wissen?
Drickes	Wenn du mich so fragst. Ich wollte immer wissen: Wenn ein Zuckerkranker vom Blitz getroffen wird, entsteht dann Karamell?

Szene 37

Knöterich	Das erste Eiertitschhalbfinale steht an: Fritzchen gegen Drickes. Drickes darf titschen.
Fritzchen	Papa, der Bessere soll ge-ge-gewinnen und das werde ich sein.
Drickes	Kall dich net möch, Jong. Du kannst nicht gegen deinen Vater gewinnen.
Trudi	Ich sag es ja, meine Männer haben die besten Eier. Einer von ihnen kommt auf jeden Fall ins Finale.
Fritzchen	Och, menno. Papa hat gewonnen. Mein Ei ist angetitscht.
Drickes	Finale, oho! Finale oho!

Szene 38

Knöterich	Und nun das Sauerbreiduell. Frau Sauerbrei darf titschen.
Herr Sauerbrei	
	Mich beruhigt ja, dass ein Viersener auf jeden Fall im Finale titscht.
Frau Sauerbrei	
	Ich titsch jetzt. Ooh, bin ich aufgeregt. Und? Kann man was sehen?

Knöterich	Ja, das Ei von Herrn Sauerbrei hat einen ganz leichten Riss. Frau Sauerbrei steht im Eiertitschfinale.
Herr Sauerbrei	Ich drücke dir die Daumen, Liebes.
Matthes	Drickes, die machst du fertig. Die hat keine Chance gegen dein Ei.

(Osterhase kommt an gehoppelt)

Osterhase	Das Titschen habt ihr 'grad verloren, drum bekommt auch ihr nun Hasenohren. Entschuldigt, dass ich das erwähne, aber hier sind auch noch die Hasenzähne.

Szene 39

Boeken	Hör mal, Drickes, wenn du das Eiertitschen heute gewinnen solltest, gibst du aber einen aus.
Drickes	Mal gucken, ich bin was knapp bei Kasse.
Boeken	Was ich dich immer noch mal fragen wollte: Warum hast du dein Auto denn schwarz angestrichen? Du wolltest es doch verkaufen.
Drickes	Ich habe gehört, wenn ich es schwarz verkaufe, bekomme ich das Doppelte.

242

Fritzchen	Aber ich helfe meinem Pa-pa-papa. Von mir bekommt er auch etwas Geld.
Boeken	Aber du gehst doch noch zur Schule. Woher hast du denn das Geld?
Fritzchen	Ich arbeite nebenbei bei einem Be-be-bestatter.
Boeken	Das wusste ich gar nicht.
Fritzchen	Ist ja auch egal. Jetzt ist der alte Leppers gestorben und ich musste den waschen. Und was soll ich sagen, er hatte einen Schniedelwutz, unfassbar groß. So etwas hast du noch nie gesehen.
Boeken	Ja, und?
Fritzchen	Habe ich mit der Ka-ka-kamera von dem Be-be-bestatter ein Foto gemacht, also nur von seinem Schniedelwutz.
Boeken	Das darf man nicht.
Fritzchen	Der Leppers ist ja überhaupt nicht zu er-kennen. Auf dem Foto sieht man ja nur den Schniedelwutz. Pass op, ich habe das Foto mit. Guck mal.
Boeken	Oh weia, das gibt es doch nicht.
Drickes	Jev et noch eine Herrjott? Was war der alte Leppers gut gebaut.

Fritzchen	Boeken, pass auf. Nun zeige ich das Foto der Tante Fine.
Boeken	Das kann nicht gut gehen.
Fritzchen	Tatatante Fine, komm mal gucken. Ich muss dir ein Foto zeigen, so etwas hast du noch nie gesehen.
Fine	Och nee, der alte Leppers ist tot?

Szene 40

Knöterich	Und nun antreten zum letzten Eiertitsch. Frau Sauerbrei gegen Drickes. Titschen darf Drickes.
Erwin	Viersen ist im Finale dabei.
Fritzchen	Halt die Fresse, du Betrüger.
Fine	Mach die alte Söllerjeet fertig!
Trudi	Schatzi, ich sag nur: Eins, zwei, drei, wo ist dein Ei? Du weißt, was ich meine...
Drickes	Halt dein Ei still, ich titsch jetzt. Herr Schiedsrichter, die hat weggezogen.
Alle	Pfui, was ist die fies.

(Frau Sauerbrei wird mit Eiern beworfen)

Herr Sauerbrei

Herr Schiedsrichter, schreiten sie doch mal ein.

Knöterich   Noch einmal neu. Beim nächsten wegziehen ist das Spiel verloren.

Frau Sauerbrei

Oh, das tut mir leid, Schatz. Ich befürchte, das Ei ist kaputt.

Drickes   Ja, ich habe gewonnen! Ich bin der Sieger!

Knöterich   Der diesjährige Eiertitschsieger ist Drickes.

(Osterhase kommt an gehoppelt)

Osterhase   Frau Sauerbrei, Sie haben verloren, drum hier noch ihre Hasenohren.
Und bevor ich das vergesse, die Hasenzähne für ihre Fresse.

Matthes   Ein bisschen Contenance.
Drickes, hier ist dein Geschenk. Ein großes Emuei.

Boeken   Kommt alle zusammen. Ich singe noch das Lied vom Eiermann.

Lied:
Eiermann (Klaus und Klaus) minimal umgetextet

Klingelingeling Klingelingeling – hier kommt der Eiermann.
Klingelingeling - Kommen sie alle, alle an die Eier ran.
Bei Jung und Alt und in der Stadt und auf dem Land.
Bin ich als bester Dölker Eiermann bekannt.
Klingelingeling Klingelingeling- hier kommt der Eiermann,
Klingelingeling - Kommen sie alle, alle an die Eier ran.
Das sind die allerdicksten Dotter, die man jemals sah.
Meine Eier die sind Güteklasse A.
Meine Eier die sind Güteklasse A.

Jeden Morgen um halb fünf - Manchmal auch noch früher.
Stehen wir auf, auf uns`rem Hof und wecken uns`re Hüh-
ner.
Ich lock` sie dann mit putputput - sodass sie mir vertrauen.
Dann picken sie die Körner und ich kann die Eier klauen.

Refrain 2x

„Alle Neune Gut Holz"

Bühnenstück
Einakter
von André Schmitz

Beschreibung:

In diesem Vorwort nehme ich Sie mit auf eine Reise durch die Geschichte des Kegelns.

Aus der Zeit der Antike, ungefähr 3500 Jahre vor unserer heutigen Zeitrechnung, gibt es Wandreliefs, die bereits Spielszenen darstellen. Damals warf man mit Steinen auf Knochen. Die Dülkener lösten sich schon sehr früh von dieser vorsintflutlichen Spielweise und veredelten das Kegelspiel regelrecht. In Viersen dauerte dieser Prozess wesentlich länger, manch einer behauptet sogar, er hält bis heute an.

Das ursprüngliche Kegeln entwickelte sich hier in Europa aus volkstümlichen Spielen im Freien. Heute ist es auf der ganzen Welt verbreitet und findet überwiegend in Räumen und Hallen statt. Auch wenn die Zahlen der neugegründeten Kegelvereine und Clubs rückläufig sind, ist es als Freizeitspiel immer noch überaus attraktiv.

Während der französischen Herrschaft im Rheinland gaben die Franzosen im Jahr 1806 eine Volkszählung in Dülken in Auftrag. Erhoben und niedergeschrieben wurden neben Zahlen und Daten auch Gegebenheiten rund um das Leben. So hielt man zum Beispiel über die Freizeitbeschäftigung der Dülkener Einwohner Folgendes fest:
„Als bevorzugte Spiele der Dülkener gelten das Kartenspiel, verschiedene Kugelspiele und das Kegeln". Also selbst den Franzosen ist damals schon aufgefallen, dass die Dülkener gut und gerne kegelten.

Der vom Naturell her sehr gesellige Dülkener liebt das Kegelspiel. Das erkannte auch unser Heimatdichter Paul Weyers und schrieb darüber. Der Anfang seiner Geschichte lautet:

„Die Ruhige Kugel"
Die Fürwetznase, die welle et ärsch ens wieete, wat dat bedüt: „Die ruhige Kugel".
Dat es jonz einfach däe Nam för ene Dölker Kejelclub. Die welle öm bells doemöt sägge, dat söö en jonz besongersch reuje Honk habbe, on die Kuerele völl sennijer üever de Bahn schellvere wie all die angere...

Mit Stadtmeisterschaften und in Vergleichswettbewerben mit anderen Ortsteilen und Städten suchte man einen Sieger, der dann für ein Jahr oder länger den Meistertitel trug.

Wer bei der diesjährigen Meisterschaft auf der Bühne alles mitkegelt, ob alles mit rechten Dingen zugeht und was so alles getratscht wird, lesen Sie in diesem Aat Dölker Stöckske „Alle Neune".

Ich wünsche Ihnen viel Spaß und gute Unterhaltung
Gut Holz!
Gut Holz!
Gut Holz!

Bühnenbild:

Gezeigt wird das Innere einer Gaststätte mit Theke und Sitzgelegenheiten. In der Mitte der Gaststätte ist eine Kegelbahn zu sehen. Im Hintergrund steht eine Tafel für die Ergebnisse. Die Pokale stehen auf einem Tisch bereit.

Requisiten:

Vier unterschiedliche Pokale für die Sieger, Wasserschüssel und Schwamm, Schiefertafel und Kreide, Kegel und Kugeln.

Schlusslied:

Kegelliedermarsch, Harry Steier

Erklärungen zur Dülkener Mundart:

Fürwetznase	Vorwitznase
Reue Honk	Ruhige Hand
Kuerele	Kugel
Effe Jries	Einfacher Korn (Schnaps)
Volljeseckt	Angepinkelt
Op et Hüske	Auf Toilette
Hoop und Hölp	Zu Hilfe
Tiiene-nägel	Zehennägel
Driit	Kot, Exkremente
Stronzbüül	Angeber
Blötsch	Beule, Delle
Nädelkes	Nadeln

Es spielen:

Mariechen	Wirtin
Matthes	Wirt
Schlippes	Kegeljunge
Doll	Kegeljunge
Drickes	Vorsitzender vom Kegelclub
Fritzchen	Sohn von Drickes, Kegler aus Dülken
Trudi	Ehefrau von Drickes
Fine	Freundin von Trudi, Klatschtante
Wilma	Freundin von Trudi, Klatschtante
Pfarrer	Dülkener Kirchenoberhaupt
Herr Voss	Bürgermeister
Herr Bröxkes	Kegler aus Süchteln
Herr van Kesseler	Kegler aus Boisheim
Herr Sauerbrei	Kegler aus Viersen
Herr Knöterich	Schiedsrichter

Szene 1

(Schlippes und Doll tragen einen Tisch hinein)

Schlippes	Boah, immer müssen wir die schwere Arbeit erledigen.
Doll	Stell dich nicht so an, dafür wirst du schließlich bezahlt.
Schlippes	Ja, einen Hungerlohn bekomme ich.
Doll	Apropos Hunger, ich habe schon seit einer halben Stunde nix mehr gegessen.
Schlippes	Mir geht es viel schlimmer. Ich habe seit einer Viertelstunde nix mehr getrunken.
Doll	Sollen wir mal hinter die Theke gucken, ob da vielleicht schon etwas vorbereitet ist?
Schlippes	Ja, das machen wir, aber so leise, dass uns der Matthes und das Mariechen nicht hören.
Doll	Guck mal, hier sind noch ein paar Mettwürstchen. Sie sind zwar schon kleingeschnitten, aber egal.
Schlippes	Ich schütte uns mal einen effe Jries ein.
Doll	Hier bitte schön. *(stellt ein silbernes Tablett mit Wurst hin)*

Schlippes	Danke schön. Hmm, schmeckt gar nicht mal so gut. Die Wurst ist bestimmt schon älter.
Doll	Bah, die schmeckt wie bei Oma unter den Füßen.
Schlippes	Woher weißt du denn, wie deine Oma unter den Füßen schmeckt?
Doll	Das sagt man doch nur so. Komm lass uns den fiesen Geschmack mal runterspülen. Prost!
Schlippes	Prost!

Szene 2

(Matthes steht in der Türe)

Matthes	Prost? Habe ich etwas verpasst?
Schlippes	Oh! Tach, Matthes. Wir haben nur mal an den Gläsern gerochen, was da wohl drin war.
Doll	Und das Tellerchen, das stand schon da. Da waren wir nicht dran.
Matthes	Nur an den Gläsern gerochen, sagst du? Ihr haltet mich wohl für blöde, oder?
Doll	War das jetzt eine ernstgemeinte Frage?

Matthes	Dafür ziehe ich euch fünfzig Pfennige vom Lohn ab. Ihr könnt doch nicht einfach hier den Fusel saufen, ohne zu fragen.
Schlippes	Das war seine Idee.
Doll	Was du doof bist, du Petze!
Matthes	Nur gut, dass ihr nicht an das alte Hundefutter gegangen seid. Metzger Peemans hat aus alten Fleischabfällen die Hundewurst gemacht, aber sie ist schon um. Davon hat der Bello die Scheißerei bekommen.

Szene 3

(Drickes erscheint mit vier Pokalen)

Drickes	Guten Tag.
Matthes	Tach, Drickes.
Drickes	Habe ich das gerade richtig gehört? Das Mariechen hat die Scheißerei?
Matthes	Nein, nicht das Mariechen, sondern unser Bello.
Drickes	Dann bin ich ja beruhigt. Wer soll sonst den Laden hier schmeißen?
Matthes	Ich.

Drickes	Hahaha, du? Mal im Ernst, könntest du dir vorstellen, hier zu arbeiten?
Matthes	Was soll die Frage? Mir gehört die Kneipe!
Drickes	Ja, das weiß ich. Aber könntest du dir auch vorstellen, hier zu arbeiten?
Schlippes und Doll	Hahaha.
Matthes	Was gibt es denn da zu lachen? Ruhe ihr beiden. Rüber mit euch auf die Kegelbahn. Stellt die Kegel schon mal auf!
Schlippes	Ich komme sofort nach. Ich muss zuerst noch mal schnell Pipi.

Szene 4

Drickes	Ich bin mal gespannt, wie die Stadtmeisterschaft heute läuft. Hoffentlich kann ich für Dülken den Titel verteidigen.
Matthes	Das wird schon klappen. Ich kenne niemanden, der besser kegelt, als wies du. Außer deinem Sohn Fritzchen, aber er darf ja noch nicht bei den Männern mitkegeln.
Drickes	Ich werde mein Bestes geben. Ich sehe es schon in der Zeitung: Drickes holt die Stadtmeisterschaft nach Dülken. Natürlich alles in fett. Immer wenn etwas wichtig ist, ist das fett.

Matthes	Du bist auch wichtig.

Szene 5

(Schlippes kommt von der Toilette und ist vorne ganz nass)

Drickes	Was hast du denn gemacht? Du bist ja vorne ganz nass.
Matthes	Oh wiee, er hat sich volljeseckt.
Schlippes	Ich habe doch eine neue Gleitsichtbrille und zuerst habe ich etwas Kleines gesehen, und dann habe ich etwas Großes gesehen. Da habe ich mir gedacht, das Große gehört mir nicht und habe es wieder eingepackt.
Matthes	Was der blöde ist.

Szene 6

Mariechen	Tach, teesaame.
Drickes	Hallo, Mariechen.
Matthes	Schatzilein, schön, dass du da bist.
Mariechen	Das Schatzilein kannst du dir in den Hintern stecken. Wieso steht das Hundefutter hier auf der Theke?
Matthes	Die Jungen haben das probiert.

Mariechen	Wie, die Jungen haben das probiert? Da waren gestern schon die Würmer drin!
Matthes	Deä Schlippes war auch schon op et Hüske und hat sich in die Bux gemacht.
Mariechen	Hoffentlich reihern die mir nicht die Kegelbahn voll.

Szene 7

Mariechen	Was steht denn da drüben auf dem Tisch?
Drickes	Das sind die Pokale für die Stadtmeisterschaft.
Mariechen	Aha. 1. Platz, 2. Platz, 3. Platz. Und was ist das hier?
Drickes	Das ist der Trostpreis.
Mariechen	Da steht ja schon Viersen drauf.
Drickes	Psst. Das soll doch eine Überraschung sein.
Matthes	Was machst du denn, wenn jemand Anderes Letzter wird?
Drickes	Ich verstehe die Frage nicht.
Mariechen	Dann sagen wir einfach, der Graveur hat bereits mit der Gravur angefangen, damit es schneller geht. Und dann wird da Viersener Kegelstadtmeisterschaft daraus.

Matthes	Mein Mariechen hat immer so gute Ideen.
Mariechen	Genau! Jetzt habe ich die Idee, dass du die Kugeln noch einmal polierst.
Matthes	Nein, das machen die Jungen.
Mariechen	Aber du kontrollierst das!

Szene 8

Drickes	Warte, Matthes, mit dem Polieren. Ich mache noch mal schnell einen Kontrollwurf.
	(Drickes greift nach einer Kugel und klemmt sich die Finger)
	Aua, aua, aua. Hoop und Help. Mein Finger ist gebrochen.
Matthes	Mach bloß keinen Quatsch. Du musst den Titel holen.
Mariechen	Komm schnell, das muss gekühlt werden.
Drickes	Ja, gute Idee, ein kaltes Getränk geht immer.
Mariechen	Du Jeck, datte bös. Deine Finger müssen gekühlt werden, unter kaltem Wasser.
Matthes	Oh weh, dass sieht schlimm aus.
Mariechen	Es ist schon lange her, dass ich so etwas Dickes gesehen habe.

Matthes	Geh' lieber schnell zum Arzt, vielleicht kann er noch was retten.

Szene 9

(Schlippes und Doll polieren die Kugeln)

Doll	Guck mal Matthes, wie schön die glänzen.
Matthes	Macht das bloß anständig, sonst ziehe ich euch noch mal fünfzig Pfennige vom Lohn ab.
Schlippes	Wir machen das schon. Guck mal, wie schön.

(Lässt die Kugel auf Matthes Fuß fallen)

Matthes	*(hüpft auf einem Bein)* Aua, aua, ihr Deppen! Genau auf meine Zehen. Aua!
Schlippes	Oh, das war ein Versehen, das wollte ich nicht.
Matthes	Mach dich vom Acker, bevor ich dir in den Hintern trete!
Doll	Mit einem Bein? Das würde ich gerne sehen.
Matthes	Und du auch! Kommt erst wieder, wenn das Kegeln losgeht.
Mariechen	Du gehst am besten auch zum Arzt. Nicht, dass es was Ernstes ist. Schlippes und Doll, ihr bringt den Matthes zum Doktor, aber zack, zack!

Szene 10

(Trudi Drickes erscheint)

Trudi   Guten Tag, Mariechen.

Mariechen   Hallo, Trudi. Suchst du deinen Mann?

Trudi   Nein, er ist schon zu Hause und hat beide
               Hände verbunden. Ich soll euch mitteilen, dass
               er heute nicht mehr kegeln kann.

Mariechen   Wieso denn beide Hände?

Trudi   Er hat sich jetzt auch noch die linke Hand in der
               Türe geklemmt. Nun geht gar nichts mehr.

Mariechen   Aber er muss doch für Dülken kegeln. Wer soll
               das denn nun machen?

Trudi   Keine Ahnung, mein Drickes auf jeden Fall
               nicht!

Szene 11

(Fine und Wilma kommen)

Wilma und Fine Guten Tag, zusammen.

Mariechen   Na, ihr zwei. Schön, dass ihr euch das Kegeln
               angucken kommt.

Wilma	Aber das ist doch selbstverständlich! Wir wollen doch dabei sein, wenn Drickes den Kegelpokal verteidigen tut.
Trudi	Da muss ich euch enttäuschen, das wird nicht klappen.
Fine	Wie? Was soll das denn heißen?
Trudi	Kommt, wir setzen uns da drüben an den Tisch, dann erzähle ich es euch.
Mariechen	Ja, macht das. Ich bringe euch was zu trinken.

Szene 12

(Matthes kommt mit Gehhilfe zurück und hat einen Fuß dick verbunden)

Fine	Och nee, was hast du denn gemacht?
Wilma	Alles nur wegen einem eingewachsenem Tiennagel?
Matthes	Nix eingewachsener Zehennagel. Die Jungen haben eine Kugel auf meinen Fuß fallen lassen.
Wilma	Und ich hatte gerade schon die Idee, dass du anstelle von Drickes kegelst.
Fine	Das wird nicht funktionieren. Du bewegst dich ja noch schlechter als sonst.

Matthes	Macht euch nur lustig über mich. Wisst ihr eigentlich, wie weh das tut?
Alle	Ohhh.
Wilma	Mariechen hat mir erzählt, dass sie mit Matthes letzte Woche schon beim Arzt war. Da hat der Arzt sich den Matthes angeguckt und meinte: Sieht nicht gut aus, sieht wirklich nicht gut aus. Da hat Mariechen den Doktor gefragt: Oh je, was hat er denn? Hat der Arzt geantwortet: Nichts. Er sieht nur nicht gut aus.

Szene 13

(Fritzchen kommt)

Fritzchen	Habt ihr schon gehört, der Papa kann nicht mitkegeln?
Matthes	Das hat sich schon herumgesprochen.
Fritzchen	Was machen wir denn jetzt?
Matthes	Wir müssen Ruhe bewahren und überlegen.
Fritzchen	Das ist gut. Am besten kann ich beim Essen überlegen. Mariechen, ich habe Hunger, hast du noch etwas von der leckeren Suppe?
Mariechen	Bringe ich dir sofort.

Matthes	Vergangene Woche beim Ausscheidungskegeln hat der Kegelpräsident noch gesagt, neunzig Prozent unserer Kegler seien grottenschlecht.
Fritzchen	So ein Quatsch! So viele sind wir doch gar nicht.
Matthes	Junge, halt einfach den Mund.
Mariechen	Hier bitte, deine Suppe.

Szene 14

(Doll und Schlippes kommen)

Doll	Mariechen, komme mal bitte an die Türe, hier will irgendein Mann mit dir sprechen.

(Mariechen verlässt die Kneipe)

Fine	Da sind ja die Übeltäter. Erst schmeißen sie dem Drickes eine Kugel auf die Finger und dann dem Matthes eine auf den Fuß.
Wilma	Die Jugend von heute. Respektlos und rücksichtslos! Früher war alles besser.
Matthes	Setzt euch da drüben an der Kegelbahn hin.
Wilma	Ich habe gehört, der Schlippes hatte seinen ersten Vollrausch mit 12 Jahren.
Fine	Ja, er hat halt erst spät angefangen.

Fritzchen	Bah, in meiner Suppe schwimmt ein Frosch!
Matthes	Du Blödmann, das ist Rosenkohl.
Fritzchen	Das ist aber mal ein Scheißname für einen Frosch.

Szene 15

(Mariechen kommt zurück, nestelt an ihrer Bluse und hält etwas hinter ihrem Rücken versteckt)

Matthes	Was war das für ein Typ da draußen?
Mariechen	Ach, der wollte, dass ich ihm meine Brüste zeige.
Matthes	Wie bitte?
Mariechen	Ich sollte ihm meine Brüste zeigen, dafür bekäme ich eine Flasche Wein.
Matthes	Das gibt es doch nicht. In welche Richtung ist er gegangen?
Mariechen	*(Mariechen zieht ihre Hand hinter dem Rücken hervor und zeigt die Richtung mit einer Flasche Wein in der Hand)*
	Da lang!

Szene 16

(Drickes kommt und hat beide Hände verbunden)

Trudi	Da bist du ja endlich. Wie geht´s dir?
Drickes	Das sieht man doch, ich bin am Boden zerstört. Wer soll denn nun für uns kegeln?
Fine	Wir finden schon eine Lösung.
Trudi	Mariechen, bei der ganzen Aufregung hier, bringe uns doch bitte mal ein Schnäpsken.
Wilma	Genau!
Fine	Genau!
Drickes	Für mich einen Doppelten!
Matthes	Ihr Suupnasen!
Wilma	Ich stehe dazu, ich trinke gerne Alkohol.
Fine	In ganz Deutschland trinkt man doch gerne Alkohol. Ach, was rede ich da, auf der ganzen Welt.
Trudi	Stimmt! Man sagt ja nicht umsonst, der blaue Planet.

Szene 17

Matthes	Fritzchen, hör mal: Letztens war ich mit deinem Vater unterwegs. Da meinte jemand zum Drickes. Och süß der Kleine, ist das Ihrer?

Fritzchen	Ach, wart ihr im Kindergarten?
Matthes	Nein, in der Sauna.
Fritzchen	Mariechen, bringst du mir bitte ein Bier, ich bin fertig mit Essen.
Matthes	Boah, hast du die riesige Portion ganz alleine aufgegessen?
Fritzchen	Ja, ohne mit der Wampe zu zucken. Ist bei euch eigentlich auch das Bier teurer geworden?
Matthes	Noch nicht. Warum?
Fritzchen	Ich war bei Hannen, die haben die Preise für eine Flasche Bier um fünf Pfennige erhöht. Hört sich nicht viel an, ist aber pro Tag auch wieder 'ne Mark.

Szene 18

Matthes	Macht euch lieber Gedanken, wer für uns kegeln soll. Oh weh, oh weh, was wird das nur für eine Blamage.
Wilma	Mariechen, dein Matthes übertreibt schon gerne.
Mariechen	Du hast recht. Gestern rief er wie aus dem Nichts: Ich hol euch da raus, wir sehen uns bald wieder. Dabei habe ich nur meinen BH angezogen.

Szene 19

(Pfarrer, Bürgermeister und Schiedsrichter kommen)

Drickes	Da haben wir den Driit. Da kommt der Bürgermeister, samt Pfarrer und Schiedsrichter.
Fine	Und wir wissen noch immer nicht, wer für uns kegelt.
Matthes	Psst, ruhig! Sagt denen bloß nichts. Ich lasse mir etwas einfallen.
Alle	Guten Tag, zusammen.
Bürgermeister	Guten Tag.
Pfarrer	Gott zum Gruße, meine Schäfchen.
Schiedsrichter	Ich wünsche ebenfalls einen guten Tag.
Matthes	Setzt euch mal da drüben hin, Mariechen bringt euch gleich die Getränke.
Mariechen	Mariechen scheißt dir ein Kilo! Was soll ich denn noch alles? Schicke den Doll, er soll servieren und der Schlippes kann die Kegel gleich alleine aufstellen.
Schiedsrichter	*(zum Bürgermeister)* Wer ist das denn, da drüben? Sie sieht mich so verführerisch an. *(Er nickt in Richtung Fine)*

Bürgermeister	Du bist nicht ihr Typ, sie schielt zwar, kann aber noch gut sehen.
Schiedsrichter	Was soll das denn heißen?
Bürgermeister	Sie würde dich nur nehmen, wenn sie blind wäre.
Schiedsrichter	Und die daneben?
Pfarrer	Er meint Trudi.
Schiedsrichter	Sie hat ja einen richtigen Knackhintern.
Bürgermeister	Wenn du dich da mal nicht irrst. Vielleicht trägt sie ja eine Windel.
Pfarrer	So, nun lästert mal nicht so über die Frauen hier. Morgen will ich euch beide bei der Beichte sehen.
Beide	Schon gut, Herr Pfarrer.
Matthes	Das letzte Mal als ich in der Kirche war, bin ich eigentlich nur da rein, um einen Hut zu klauen. Meinen konnte ich nämlich nicht mehr finden.
Pfarrer	Rede weiter, mein Sohn.
Matthes	Dann habe ich die Predigt gehört und mich besonnen.

Pfarrer	Das höre ich gerne, denn das siebte Gebot ist mächtig.
Matthes	Ja, als sie sagten: Du sollst nicht ehebrechen, ist mir wieder eingefallen, wo mein Hut liegt.

Szene 20

Bürgermeister	Na, Fritzchen, wie war denn gestern die Aufnahmeprüfung?
Pfarrer	Was denn für eine Aufnahmeprüfung?
Bürgermeister	Er will bei der Stadtverwaltung in Dülken anfangen.
Pfarrer	Jev et noch ene Herrjott?
Fritzchen	Wir waren ja nur zwei Bewerber, aber sie haben den anderen genommen.
Pfarrer	Warum nur?
Fritzchen	Wir mussten beide da rein. Dann haben sie gefragt: Was ist der Unterschied zwischen einem Löwen und einem Eisbären? Der andere Bewerber hat gesagt: Der Löwe wohnt in Afrika und der Eisbär hat ein weißes Fell und lebt am Nordpol.

Bürgermeister	Was wurdest du denn gefragt?
Fritzchen	Mich haben sie gefragt, was der Unterschied zwischen Hirsch und Adler ist. Habe ich geantwortet: Der Hirsch macht um zehn auf, der Adler erst um elf.
Bürgermeister	Kleiner Tipp: Bewirb dich bei der Stadtverwaltung in Viersen, die nehmen jeden. Ehrlich! In der Viersener Stadtverwaltung merkt man den Fachkräftemangel in Deutschland am besten.
Schiedsrichter	Scheint wirklich nicht der Hellste zu sein. Pass mal auf, ich lege den mal rein.
	(prüft mit einer Wasserwaage die Kegelbahn)
	Fritzchen, komme mal bitte. Ich glaube, die Kegelbahn ist nicht ganz in der Waage. Da fehlt ein ganzes Stück. Die Wasserblase an der Waage steht ganz schief. Hol doch mal bitte ein paar Unterlegplättchen für die Wasserwaage.
Matthes	Und eine Ersatzluftblase für die Waage, vielleicht liegt es ja da dran?

Wilma	Haha, und wenn du einmal dabei bist, bringe auch direkt einen Rahmen für mein Blutbild mit.
Fine	Und ich bekomme meine oberen Schranktüren vom Wohnzimmer-schrank nicht mehr zu. Bringe mir doch bitte ein paar neue Luftschlösser mit.
Trudi	Schluss jetzt! Lasst meinen Jungen in Ruhe! Schlimm genug, dass mein Drickes nicht mitkegeln kann. Da ist die Stimmung sowieso schon im Keller.
Schiedsrichter	Wie bitte? Herr Drickes kegelt nicht? Wer dann?

Szene 21

Matthes	Das sehen sie doch. Er hat beide Hände verbunden. Aber einen Moment noch, das klären wir ganz in Ruhe. Doll, bring den Herren nochmal was zu trinken, aber zackig!
Doll	Bin schon dabei.
Pfarrer	Ich hätte gerne auch noch zwei Frikadellen, die hausgemachten, bitte.
Doll	Ich sage Bescheid.

278

Matthes	Also der Drickes hat sich an beiden Händen die Finger geklemmt. Eigentlich wäre ich der Ersatzkegler, aber wie man sieht...
Schiedsrichter	Und nun?
Matthes	Wir haben noch jemanden, aber er kommt ein wenig später.
Schiedsrichter	Na gut.
Fine	Wen meint der?
Wilma und Trudi	Keine Ahnung!

Szene 22

Matthes	Fritzchen, komm mal eben mit.
Fritzchen	Warum?
Matthes	Komm einfach mit.

(Beide verlassen das Lokal)

Szene 23

(Die Kegler aus Süchteln, Boisheim und Viersen betreten die Kneipe)

Alle Kegler	Guten Tag.
Alle	Tag, zusammen.

Bürgermeister	Schön, dass ihr da seid, dann kann die Kugel ja gleich rollen. Würden die Herren sich mal bitte vorstellen?
Bröxkes	Bröxkes ist mein Name. Ich kegele für den Verein „Umwerfend Süchteln".
van Kesseler	Ich heiße van Kesseler und kegele für die „Rinnenwerfer Boisheim".
Sauerbrei	Gestatten, Sauerbrei, ich...
Alle	Oh nein, das ist der Viersener.
Sauerbrei	Herr Schiedsrichter, die Leute hier sind alle voreingenommen. Ich kegele für die „Abräumer Viersen".
Alle	Was für ein Stronzbüül.
Schiedsrichter	Dort hinten ist der Tisch für die Kegler.

Szene 24

Mariechen	Hier bitte sehr, Herr Pfarrer, die Frikadellen. Es hat etwas länger gedauert, dafür sind die aber ganz frisch.
Pfarrer	Dankeschön, Mariechen. Oh, du hast aber auffallend saubere Fingernägel.
Mariechen	Ja, alter Hausfrauentrick. Fingernägel werden am besten sauber, wenn man Gehacktes knetet. Lass es dir schmecken.

Szene 25

Sauerbrei	Eigentlich kann ich heute nur Stadtmeister werden. Ich habe so viel trainiert, dass meine Frau schon sauer wurde.
Bröxkes	Ich habe auch viel trainiert, sogar die ganze Nacht.
van Kesseler	Ich habe ebenfalls die ganze Nacht trainiert und als ich um drei Uhr nach Hause kam, hat meine Frau vor Wut gekocht.
Bröxkes	Da hast du aber Glück, ich bekomme um diese Zeit nichts Warmes mehr.
van Kesseler	Um den Sauerbrei brauchen wir uns gar keine Sorgen zu machen. Ich weiß nämlich, dass sein Arzt ihm empfohlen hat, das Kegeln aufzugeben.
Bröxkes	Aus gesundheitlichen Gründen?
van Kesseler	Nein, weil er zugesehen hat.
Sauerbrei	*(er deutet auf van Kesseler)*
	Ich sage es jetzt nur ein einziges Mal: Unter den Arschgeigen bist du die Stradivari!

Bröxkes	Ein wenig Contenance, Herr Sauertopf.

Szene 26

Wilma	Sag mal, Trudi, hast du zugenommen?
Fine	Nein, sie hat sich auseinandergelebt.
Trudi	Ich reagiere gar nicht auf eure dummen Sprüche. Ich mag euch wie am ersten Tag.
Wilma	Hör doch auf. Du konntest uns noch nie leiden.
Trudi	Ich sagte ja, wie am ersten Tag. Übrigens Fine, arbeitest du noch im alten Waisenhaus?
Fine	Ja.
Trudi	Sie arbeitet zwar da, darf aber mit den Kindern kein Verstecken spielen.
Wilma	Warum?
Trudi	Frauen über 40 sucht doch keiner mehr.
Fine	Ach, kommt. Lasst uns vertragen und zusammen eine schöne Zeit verbringen.
Trudi	Na gut, einverstanden.
Wilma	Ich auch.

Fine	Sagt mal, wie macht ihr das eigentlich? Habt ihr beim Sex das Licht an oder aus?
Wilma	Kommt drauf an.
Trudi	Wie meinst du das?
Wilma	Ob ich beim Sex das Licht an oder aus lasse, entscheidet der Mann ganz alleine durch sein Aussehen.
Trudi	Wo ist überhaupt dein Mann, Wilma?
Wilma	Och, seitdem der pensioniert ist, geht er nur noch selten vor die Türe. Außerdem ist er sauer auf mich.
Trudi	Warum?
Wilma	Ach, als er eben aus dem Bad kam, rief er freudestrahlend: Wilma, mein Schatz, ich habe ein Kilo verloren. Da hätte ich vermutlich nicht sagen sollen: Ich weiß es, es riecht bis hierhin.
Fine	Haha, dann hat Mariechen das Licht bestimmt immer aus, so wie der Matthes aussieht.
Trudi	Wo ist der überhaupt mit meinem Fritzchen hin?
Wilma	Keine Ahnung!

Szene 27

(Matthes kommt mit dem verkleideten Fritzchen zurück)

Matthes	So, hier sind wir. Der Tulpen-Heini wird für uns kegeln.
Schiedsrichter	Haben Sie sich denn qualifiziert?
Fritzchen	Meint der mich?
Matthes	Natürlich, meint er dich! Wen denn sonst?
Fritzchen	Ja, sicher habe ich mich infiziert.
Matthes	Herr Schiedsrichter, er ist ein bisschen grenzdebil oder wie wir Dölker sagen stronzdumm. Aber er kegelt für uns.
Bröxkes	Was ist das denn für ein bescheuerter Name, Tulpen-Heini?
Fritzchen:	Wieso? Seine Tochter heißt doch auch Rose-Marie.
van Kesseler	Für welchen Verein kegelst du überhaupt?
Fritzchen	Äh, Verein? Ich gehöre zu den Kneipenkeglern Dülken. Wir sagen immer: drei Pils, drei Korn, die Kugel muss nach vorn. Und hinterher noch einen Branntwein, dann fällt sogar das Bäuerlein.
Schiedsrichter	Los jetzt. Werft die ersten Kugeln.

Matthes	Und nur, dass ihr es wisst: Wenn mir einer von euch eine Blötsche in die Bahn wirft, dann Gnade euch Gott!
	(er zeigt auf das Schild mit der Aufschrift Chef, welches er umhängen hat)
	Ich bin der Chef!
Schlippes	*(hält in einer Hand eine polierte Kugel und tippt Matthes auf die Schulter)*
Matthes	Was willst du?
Schlippes	Ich soll dir von Mariechen sagen, du sollst sofort ihr Schild wieder zurückbringen.
Matthes	Na gut, bring es ihr. *(reicht Schlippes das Schild)*
Schlippes	Danke. *(greift nach dem Schild und lässt die Kugel fallen, genau auf Matthes gesunden Fuß)*
Matthes	Aua! Aua! Schon wieder. Aua! *(Lässt sich auf dem Hintern plumpsen)*
Schlippes	Oh, nein! Das wollte ich nicht. Das war ein Unfall!
Matthes	Doll, schnell, hilf mir hoch. Ich muss den Fuß kühlen.

Szene 28

Schiedsrichter	So, ihr dürft jetzt die ersten Würfe machen. Ab sofort werden eure Würfe gewertet.
Sauerbrei	Ich fange an.
Bröxkes	Zieh Leine, ich fang an!
van Kesseler	Die Ersten werden die Letzten sein.
Sauerbrei	Das werden wir ja sehen.
Bröxkes	Am Ende kackt die Ente.
Schiedsrichter	Herr Schlippes, schreiben Sie bitte an die Tafel: Süchteln, Boisheim, Viersen, Dülken. In dieser Reihenfolge wird gekegelt.
Bröxkes (kegelt)	Habt ihr gesehen, ich habe den linken Bauern geholt.
van Kesseler	Was der doof ist! Wir kegeln doch heute nur auf die Vollen.
Sauerbrei	Unterbrechen sie mich nicht in meiner Konzentration.
Fritzchen	Was bist du denn für ein Unsympath?

Sauerbrei	*(wirft den nassen Schwamm nach Fritzchen, trifft aber Herrn Bröxkes)*
Bröxkes	Pfui! Ekelhaft! Herr Schiedsrichter, der muss doch verwarnt werden.
Schiedsrichter	Herr Sauerbrei, fallen Sie noch einmal aus der Rolle, werde ich Sie disqualifizieren.
Sauerbrei	Dann sollen die aufhören mich zu reizen. Vor allem der Boisheimer, mit seiner piepsigen Stimme. Warum ist die eigentlich so piepsig?
van Kesseler	Nur, wenn ich mich aufrege.
Sauerbrei	Das scheint ja oft zu sein.
Fritzchen	Ich weiß, warum der so eine piepsige Stimme hat.
Sauerbrei	Ach ja?
Fritzchen	Er hat sich die Mandeln rausnehmen lassen.
Sauerbrei	So ein Quatsch! Davon bekommt man doch keine piepsige Stimme.
Fritzchen	Ne, davon nicht, aber er hat verkehrt herum auf dem OP-Tisch gelegen.
Schiedsrichter	Weiterkegeln!

Szene 29

(Matthes kommt im Rollstuhl und hat beide Beine eingegipst)

Mariechen	Macht mal einen Moment Pause. Da kommt meine Matthes. Drickes kannst du den Matthes nicht mal bis vorne schieben?
Drickes	Bist du blöd? Wie soll ich das denn machen, ich habe beide Hände verbunden!
Doll	Ich mache das schon.
Mariechen	Jetzt hast du beide Füße bandagiert. Sind die gebrochen?
Matthes	Zum Glück nur verstaucht und geprellt.
Drickes	Dann geh morgen mal zum Doktor, der steckt dir da so ein paar Nädelkes rein, dann bist du ruckzuck wieder auf den Füßen.
Matthes	Ruckzuck wieder auf den Füßen? Bist du eigentlich verrückt? Das mache ich nicht!
Drickes	Wieso?
Matthes	Ich habe eine Krankmeldung für drei Wochen bekommen!

Mariechen	Komm, Schatzi, ich fahre dich etwas herum.

Szene 30

Schiedsrichter	Nun machen wir hoffentlich ohne Unterbrechung weiter. Dülken hat Nachwürfe.
Sauerbrei	Ich protestiere. Er hat keine Sportschuhe an.
Fritzchen	Hast du doch selber nicht.
Sauerbrei	Das sind Spezialschuhe.
Fritzchen	Meine auch! Ich habe immer kalte Füße.
Sauerbrei	Sind deine Schuhe denn nicht gefüttert?
Fritzchen	Ich wusste gar nicht, dass man die füttern muss.

(Fritzchen geht um Sauerbrei herum)

Sauerbrei	Was soll das?
Fritzchen	Egal von welcher Position ich auch gucken tu. So, oder so, oder von hier aus. Du bist und bleibst ein hässlicher Vogel.
Bröxkes	Viel besser siehst du aber auch nicht aus.

Fritzchen	Was bist du denn für ein Windei? Du Möhrengesicht! Du siehst nicht nur so aus wie meine einhundertfünfjährige Großtante Lissy, du riechst auch so wie Tatatatante Lissy, zwischen den beiden grogrogroßen Zehen.
van Kessler	Schluss jetzt! Herr Schiedsrichter sorgen Sie bitte für Disziplin.
Schiedsrichter	Meine Herren, ich ermahne Sie zum letzten Mal zur Ruhe. Lassen Sie uns diesen Tag feiern. Es ist ein besonderer Tag. Heute wird der Stadtmeister gekürt.
Bröxkes	Ich bin auch fürs Feiern.
van Kesseler	Ich auch. Bei uns wurde früher jeden Tag gefeiert. Nur Valentinstag nicht.
Bröxkes	Warum denn Valentinstag nicht?
van Kesseler	Brauchten wir nicht. Mein Vater hat jeden Tag Veilchen verteilt.

Szene 31

(Fritzchen kegelt und freut sich jedes Mal)

Wilma	Der Dülkener Kegler, der Tulpen-Heini, kommt mir so bekannt vor. Wer ist das?
Trudi	Drickes, komme sofort mal zu mir!

Drickes	Was ist denn?
Trudi	Ist das unser Fritzchen, da vorne? Er hat sich verkleidet, oder?
Fine	Warum?
Drickes	Psst! Er darf doch eigentlich noch gar nicht bei den Männern mitkegeln.
Wilma	Ich wusste, dass ich die Figur kenne! Das ist unser Fritzchen.
Fine	Wo steht das eigentlich, dass er noch nicht bei den Männern mitkegeln darf?
Trudi	Herr Schiedsrichter, ab wann darf man eigentlich bei der Männerstadtmeister-schaft mitkegeln?
Schiedsrichter	Das Alter spielt keine Rolle. Hauptsache man hat sich im Vorhinein qualifiziert.
Trudi	Danke.
Drickes	Das würde ja bedeuten, dass er sich gar nicht hätte verkleiden müssen.
Matthes	Du Doof, dann war das mit der Umkleiderei ja alles umsonst.
Fine	Dann haben wir ja doch noch eine Chance zu gewinnen.

Wilma	Daran habe ich nie gezweifelt.
Trudi	Tulpen-Heini, äh, Fritzchen, mach es!

Szene 32

Drickes	Fritzken, es läuft gut! Lass dich jetzt nicht aus der Ruhe bringen.
Schiedsrichter	Wir kommen nun zu den letzten Würfen. Jeder noch einmal. Stand vor der letzten Runde ist wie folgt: Süchteln 182 Punkte, Boisheim 188 Punkte, Viersen 201 Punkte und Dülken 203 Punkte.
Drickes	Fritzken, egal was passiert, du bist auf jeden Fall schon Zweiter.
Sauerbrei	Das wird er auch bleiben.
Drickes	Halt doch dein Maul, du Dummschwätzer!
Sauerbrei (kegelt)	Haha, eine Acht! Das ist die halbe Miete. Nun muss euer Stadtidiot schon mindestens eine Sieben schmeißen, dass schafft er nicht.
Drickes	Rede nicht so über meinen Jungen, sonst schlage ich dir die Hucke voll!
Fritzchen	Ich mache nun meinen letzten Wurf. Mariechen, bitte noch ein Bier.

Mariechen	Ja sicher, Fritzchen, es ist schon angezapft.
Fritzchen	Drei Pils, drei Korn, die Kugel muss nach vorn.
Alle	Drei Pils, drei Korn, die Kugel muss nach vorn.
Drickes	Das Fritzchen kommt auf seinen Pap', er räumt die Kegel alle ab.
Fritzchen	*(nimmt Anlauf)*
Sauerbrei	Übergetreten!
Fritzchen	*(wirft einen Pudel)*
Schiedsrichter	Zählt nicht! Hören Sie auf mit den Zwischenrufen. Herr Tulpen-Heini, äh, Fritzchen, bitte neuer Wurf.
Fritzchen	*(nimmt Anlauf)*
Sauerbrei	Mit den Händen am Boden abgestützt!
Fritzchen	(wirft einen Pudel)
Schiedsrichter	Zählt nicht!
Fine	Stören sie doch den Jungen nicht ständig, sie Viersener Tütennüggel!
Schiedsrichter	Neuer Wurf.

Fritzchen	(nimmt Anlauf)
Sauerbrei	Geklingelt!
Fritzchen	(wirft einen Pudel)
Schiedsrichter	Zählt nicht.
Trudi	Drickes, hast du noch was von deinem Verbandszeug?
Drickes	Ja, ich habe noch Mullbinden. Bitte schön.
Trudi:	(zu den Anderen) Stellt euch mal eben vor den Sauerbrei, so dass der Schiedsrichter ihn nicht sehen kann. Wilma, Fine, haltet ihr den Sauerbrei mal fest.

(Sauerbrei wird festgehalten und bekommt die Mullbinden um den Kopf und Mund gewickelt)

Schiedsrichter	Neuer Wurf.
Fritzchen	(nimmt Anlauf) Jawohl! Alle Neune!
Schlippes	(läutet die Glocke)
Schiedsrichter	Das reicht! Dülken holt die Stadtmeisterschaft.

Szene 33

Wilma	Auf unser Fritzken ein dreifaches: Gut!
Alle	Holz!
Wilma	Gut!
Alle	Holz!
Wilma	Gut!
Alle	Holz!

(Matthes dreht sich freudig mit seinem Rollstuhl mehrmals im Kreis)

Drickes	Schön machst du das, Matthes. Ich melde dich morgen in der Orthopädie an. Die haben eine Rollstuhltanzgruppe.
Schiedsrichter	Hier sind die Preise.
Bürgermeister	Lasst uns auf den Dülkener Sieg noch etwas singen.

Lied:

Kegelliedermarsch, Harry Steier
Minimal umgetextet

Kegler gut Holz
Kegler gut Holz
Kegeln das ist unser Stolz

Kegler gut Holz
Kegler gut Holz
Kegeln das ist unser Stolz

Gut Holz

Kegler gut Holz
Kegler gut Holz
Kegeln das ist unser Stolz
Gut Holz
Gut Holz
Gut Holz

Die Kegelei, die Kegelei bringt uns nicht aus der Ruh,
die Sauferei, die Sauferei, ja die gehört dazu.
Doch wenn wir nicht mehr kegeln können,
dann bleib'n wir halt zu Haus.
Da sagen wir ach Mütterchen, pust' mal die Lampe aus.

Wenn einer kleine Sorgen hat, geht er zur Kegelbahn
und gründet einen Kegelclub und fängt zu kegeln an.
Und wenn es nichts zu trinken gibt,
dann gehen wir nicht mehr hin.
Für Kegler ist der Alkohol doch bloß 'ne Medizin

Eine Kugel die nicht läuft,
Ein Kegler der nicht säuft,
Und wenn dann noch der Bauer fällt,
Bist du sehr schnell der Held.

Eine Kugel die nicht läuft,
Ein Kegler der nicht säuft,
Und wenn dann noch der Bauer fällt,
Bist du sehr schnell der Held.

Kegler gut Holz!
Kegler gut Holz!
Kegeln das ist unser Stolz!
Gut Holz!

„Der Wappenbaum"

Bühnenstück
Einakter
von André Schmitz

Beschreibung:

Dieses Bühnenstück steht unter der Überschrift: Der Wappenbaum.

Wappenbäume gibt es in unzähligen Städten und Orten. Sie sind ein Symbol der Identifikation mit der Stadt und dafür, dass das Vereinsleben tief in unserer Gesellschaft verwurzelt ist. Gerade in der heutigen Zeit stellt das ehrenamtliche Engagement in den Vereinen unserer Stadt den Kitt dar, der unsere Gemeinschaft zusammenhält. Die Vereine sind für viele Menschen Heimat.
Unter Wappenbäumen und um Wappenbäume herum, wird gerne und oft gefeiert. Er ist oft und gerne die natürliche Bühne für Dorfveranstaltungen wie Tanzfeste, Erntedankfest, Weihnachtsmarkt und viele weitere Zusammenkünfte.

Als Autor habe ich mir die künstlerische Freiheit genommen und in Dülken einen Wappenbaum aufgestellt. Wer alles ein Wappen aufhängt und was dabei getratscht und gelästert wird, lesen Sie in „Der Wappenbaum".

Ich fertige jedes Jahr eine Zeichnung an, mit welcher ich der Bühnencrew meine Vorstellung der Bühne präsentiere. Anhand meines Bildes gestaltete die Bühnenmeisterin das kleine Bühnenmodell, welches Sie am Ende des Buches sehen.
Beim Druck der Erstauflage dieses Buches, im Dezember 2024, wurde das Theaterstück „Der Wappenbaum" noch nicht aufgeführt. Die Uraufführung erfolgt im Februar 2025. Es existieren also noch keine Bühnenbilder.

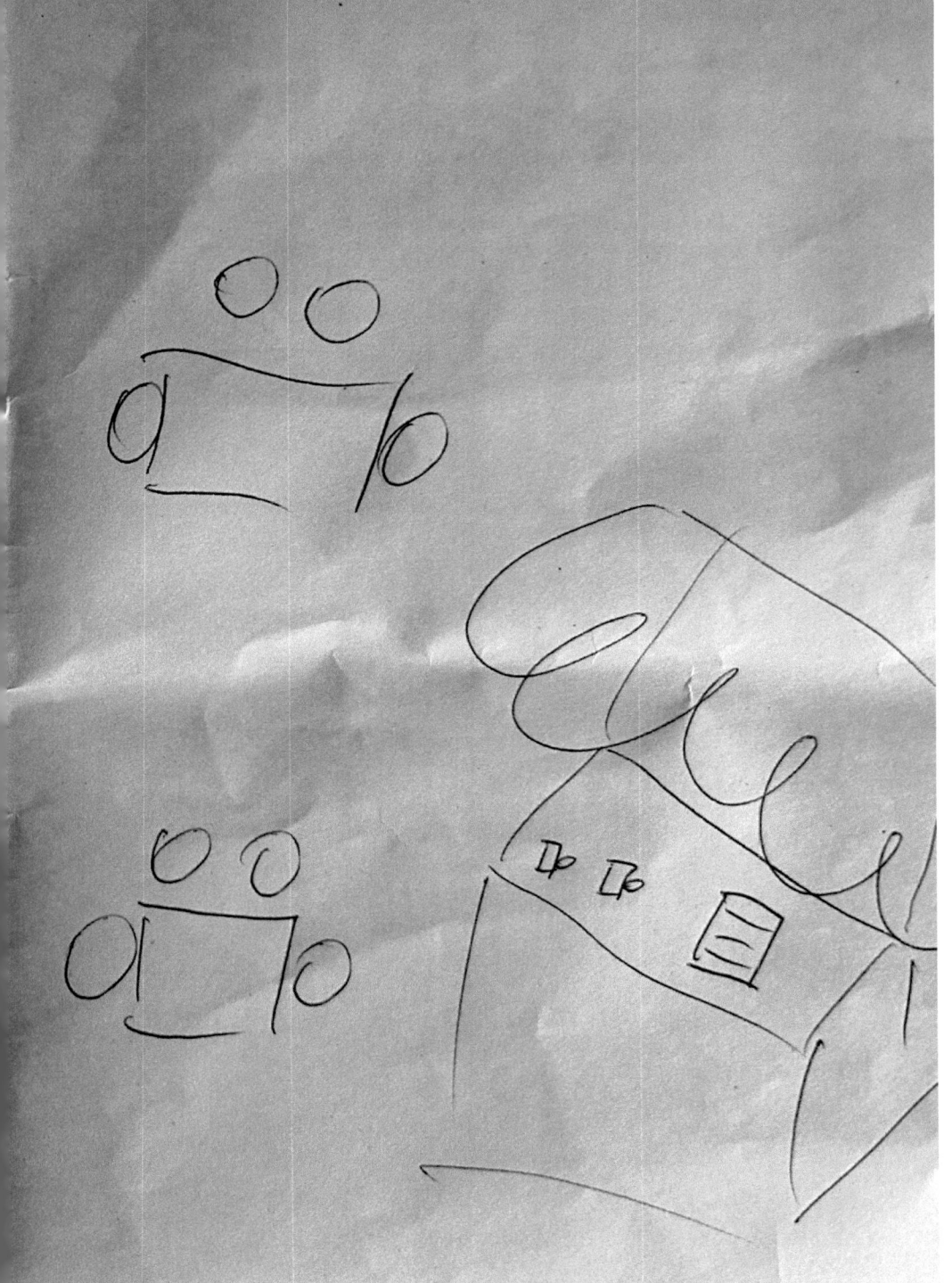

Bühnenbild:

Auf dem Marktplatz oder neben der Kirche steht der Wappenbaum als zentraler Mittelpunkt. Oben auf dem Wappenbaum thront bereits das Stadtwappen und ein Kranz hängt herunter. Die Querstreben des Wappenbaumes sind bis auf wenige Wappen, die bereits hängen, noch größtenteils frei. Unter dem Wappenbaum und um ihn herum stehen Tische und Stühle. Es gibt einen Verkaufsstand für Speis und Trank.

Requisiten:

Leiter, Wappen, Schweinekopf, Weihwassereimer und Bürste, Tische und Stühle.

Schlusslied:
Heimat von Paveier

Erklärungen zur Dülkener Mundart:

Staatse Kerl	Imposante Erscheinung, hübscher Kerl
Labbes	Hinterhältiger Mensch, auch Schimpfwort
Kniien	Kaninchen
Deä blöde Vertäll	Blödsinn erzählen
Deä	Der/den
Bleenge	Blinder
Kömp laater	Kommt später
Spack	Eng/knapp
Blömke	Blümchen
Tiiene-nägel	Zehennägel
Söllerjeet	Schimpfwort für eine Frau
Pass op	Pass auf/Hör zu
Kappes	Kopf
Fläschkes	Flaschen
Schrapnell	Schimpfwort für Frauen, hässliche Frau

Hoop und Help	Zu Hilfe
Vüer deä Jeck halten	Jemanden veralbern
Verkes-naas	Schweinenase
Verkeskopp	Schweinekopf
Jev et noch eine Herrjott	Erstaunter Ausruf
Pinkelpott	Nachttopf
fiise Möp, datte bös	Du fieser Mensch, der du bist
Schaame	Sich schämen
Lott jonn	Lass gehen, mach schon
Vüer deä Kappes	Vor den Kopf
Wat ös dat denn vüer en Männeken	Was ist das denn für ein Männlein
Stiiepeföttche	In Dülken auch Bezeichnung für einen humorlosen Menschen

Es spielen:

Mariechen	Wirtin
Matthes	Wirt, Orpheum
Schlippes	Handlanger, Mitglied im Kaninchenzuchtverein
Doll	Handlanger, Mitglied in Freiwillige Feuerwehr
Drickes	Ehemann von Trudi, Mitglied im Schrebergartenverein
Fritzchen	Sohn von Drickes, Mitglied in Dölker Kneipenkegler
Trudi	Ehefrau von Drickes
Fine	Tratschweib, Mitglied in Dölker Möhne
Wilma	Ehefrau von Boeken, Mitglied im St. Martinsverein
Pfarrer	Dülkener Kirchenoberhaupt
Herr Voss	Bürgermeister
Herr Boeken	Polizist
Herr Peemans	Mitglied der Metzgerinnung
Herr Antwerpes	Mitglied der Liedertafel
Herr Schmitter	Mitglied der Schmiedezunft
Herr Sauerbrei	Vertreter der Schneiderinnung
Rector Magnificus	Mitglied der Narrenakademie

Szene 1

(Doll und Schlippes tragen eine Leiter)

Schlippes	Boah, ist das schwer.
Doll	Irgendwie sind wir immer die Dummen. Egal, was für eine Feier auch ansteht, wir müssen die Sachen schleppen.
Schlippes	Aber trotz allem bin ich froh, dass ich als Vertreter für den Kaninchenzuchtverein unser Wappen an dem Wappenbaum anbringen darf.
Doll	Dann rauf mit dir, auf die Leiter. Ich halt sie fest.

(Schlippes hängt sein Wappen auf)

Doll	Na ja, ob das schön ist, ist ja Geschmackssache. Aber apropos Kaninchen, ich habe gestern noch „Kniien" gegessen. Hervorragend.
Schlippes	Von wem hattest du denn das Kaninchen? Sag nicht, von Mariechen?
Doll	Woher weißt du das?
Schlippes	Mariechen hat doch so viele Katzen. Eine davon ist doch gestern gestorben. Und dann gibt es bei Mariechen immer Kaninchen zu essen.

Doll	Du meinst, ich habe statt eines Kaninchens eine Katze gegessen?
Schlippes	Mit Sicherheit!
Doll	Das erklärt Einiges.
Schlippes	Verstehe ich nicht.
Doll	Meine Frau hat heute Morgen gesagt, ich hätte im Schlaf geschnurrt wie ein Kätzchen.
Schlippes	Geschnurrt wie ein Kätzchen? Bestimmt eher wie ein räudiger Kater.
Doll	Lass gut sein. Ich freue mich wie Bolle, dass ich für die Freiwillige Feuerwehr das Wappen aufhängen darf.
Schlippes	Dann hoch mit dir, vielleicht kletterst du ja auch wie ein Kätzchen.

Szene 2

(Doll hängt sein Wappen auf)

Schlippes	Da ist ja ein Feuerwehrauto drauf.
Doll	Was dachtest du denn? Dass ich da eine Straßenbahn aufhänge?

Schlippes	Dass sie dich überhaupt noch mitmachen lassen, bei der Freiwilligen Feuerwehr, so doof wie du bist.
Doll	Löschen kann ich aber.
Schlippes	Das ist ein gutes Stichwort. Lass uns mal den Durst etwas löschen.
Doll	Meinst du denn, Mariechen und Matthes geben uns schon etwas?
Schlippes	Ja sicher. Wenn sie Geld riechen, werden die ganz anders.
Doll	Dann lass sie uns mal rufen.
Doll	Mariechen.
Schlippes	Matthes.
Doll	Können wir uns vielleicht mal auf einen Namen einigen?
Schlippes	Na klar. Also noch mal.
Doll	Matthes.
Schlippes	Mariechen.
Doll	Du bist so blöde.
Schlippes	Bist du selber.

Szene 3

(Wirt Matthes kommt)

Matthes	Was schreit ihr denn so laut?
Schlippes	Wir haben Durst.
Doll	Jenau. Ich auch.
Schlippes	Wenn ich wir sage, dann meine ich dich doch auch damit.
Matthes	Das habe ich schon verstanden. Ich zapfe euch dann mal ein Bier.
Doll	Das wäre schön.
Schlippes	Matthes, warum bist du denn so schick, mit Hemd und Fliege? Ne richtige staatse Kerl.
Matthes	Das ist die Uniform vom Orpheum. Den roten Frack hier ziehe ich auch noch an.
Schlippes	Ach so. Hängt ihr denn vom Orpheum auch ein Wappen auf?
Matthes	Ja selbstverständlich. Das mache ich sofort.
	(klettert auf die Leiter und hängt das Wappen auf)

Matthes	Oh, da hängt ja schon eins von der Jä-gerinnung, mit einem Wildschwein.
Schlippes	Wildschwein? Du Doof, das ist von un-serem Kaninchenzuchtverein.
Doll	Ein schönes Wappen, Matthes. Und so viel rot.
Matthes	Das sind nun mal die Farben des Orpheums.

Szene 4

Schlippes	Hähä!
Matthes	Was soll das fiese Gekichere?
Doll	Ich meine ja nur. Ich bin mir nicht si-cher, ob die Leiter dein Gewicht noch länger aushält.
Matthes	Unverschämt, ihr frechen „Labesse"! Ich habe abgenommen. Das Einzige, wo ich mich mit schwertue, ist mein Bier-bauch.
Schlippes	Na gut, damit haben wir wohl alle zu kämpfen.
Doll	Ich nur ein bisken.

Matthes	Es gibt bei den Ureinwohnern im Dschungel Stämme, da ist der Mann mit dem dicksten Bauch der Schönste. Ich sage euch das, damit ihr erkennt, wir sind nicht fett. Wir sind nur im falschen Stamm.

Szene 5

Schlippes	Hömma, was ich noch fragen wollte: Der Doll hat gestern bei euch Kniien gegessen. War das auch Kaninchen?
Matthes	Was soll das denn sonst gewesen sein?
Schlippes	Katze! Eure Katze ist doch gestern überfahren worden.
Doll	Davon hast du mir ja gar nichts erzählt. Überfahren? Oh nein, deshalb gab es das Kaninchen auch nur als Frikassee.
Matthes	Ach, Quatsch! Nicht unsere Katze ist überfahren worden, sondern unser Bello.
Doll	Sag nicht, ich habe euren Bello gegessen?
Schlippes	Dann hast du vielleicht gar nicht geschnurrt, sondern geknurrt.
Matthes	Schluss jetzt mit deä blöde Vertäll, da kommt Mariechen.

Szene 6

Mariechen	Tach, teesaaame!
Beide	Hallo, Mariechen.
Matthes	Tach, mein Schnuckiputzilein.
Mariechen	Das Schnuckiputzilein schlage ich dir gleich um die Ohren. Was machst du überhaupt hinter meiner Theke?
Matthes	Ich wollte den Männern nur etwas zu trinken geben.
Mariechen	Untersteh dich, mein Lieblingstier zu berühren.
Schlippes	Was denn für ein Lieblingstier?
Mariechen	Deä Zapfhahn!

Szene 7

Doll	Die zwei haben sich richtig lieb. Man sagt ja auch: Was sich liebt, das neckt sich!
Mariechen	Och, der Matthes liebt mich schon lange nicht mehr.

Matthes	Ja, sicher liebe ich dich! Wenn ich zum Beispiel nach Hause käme und ein nackter Mann bei dir im Bett läge, dann würde ich ihn sofort aus dem Fenster werfen und seinen Stock gleich hinterher.
Doll	Stock?
Matthes	Natürlich. Wenn jemand mit Mariechen im Bett liegt, kann das doch nur eine Bleenge mit Krückstock sein.
Schlippes	So etwas sagt man doch nicht.

Szene 8

Matthes	Schatzi, warum hast du mich eigentlich geheiratet?
Mariechen	Weißt du eigentlich wie oft ich mir diese Frage schon gestellt habe?
Matthes	Nein, sage mal ehrlich.
Mariechen	Ich habe dich geheiratet, weil du mich immer zum Lachen bringst.
Matthes	Ich dachte, weil ich so gut im Bett bin?
Mariechen	Da, schon wieder. Haha.

Szene 9

Matthes *(zu Schlippes und Doll)*
Ihr haltet euch geschlossen.

Mariechen
So, setzt euch mal, hier ist euer Bier.

Beide
Danke.

Mariechen
Übrigens, Forscher haben nun heraus-
gefunden, dass ein Glas Bier am Tag
nicht nur sehr gesund ist, sondern auch
viel zu wenig.

Szene 10

(Drickes erscheint)

Drickes
Guten Tag.

Alle
Guten Tag, Drickes.

Matthes
Bist du alleine?

Drickes
Ja, Trudi kömp etwas laater. Sie holt
Wilma noch ab.

Matthes
Ich habe deine Trudi ja schon lange
nicht mehr gesehen. Hat sie immer
noch die tolle Figur?

Drickes
Ja, sicher. Sie hat ihre Figur sogar ver-
doppelt.

Doll	Eine schöne Schürze trägst du.
Matthes	Ja, eine wirklich schöne Schürze, sie sitzt nur was spack.
Schlippes	Einen sehr schönen Hut trägst du auch.
Matthes	Ein Wunder, dass es für so einen Eierkopp überhaupt noch Hüte gibt.
Drickes	Ist es jetzt gut? Was bist du so streitsüchtig?
Matthes	Du hast gestern unseren Bello überfahren.
Drickes	Er ist mir einfach vor das Auto gelaufen. Es tut mir sehr leid. Ich habe Mariechen ja auch schon eine Entschädigung gezahlt.
Matthes	Davon hat sie mir noch überhaupt nichts erzählt.
Drickes	Und einen neuen Hund bekommt ihr auch noch. Die Hündin von meinem Nachbarn ist schon fast zwanzig Jahre alt und hat jetzt noch einmal geworfen und acht Welpen bekommen.
Matthes	Und einer dieser Welpen ist für uns?
Drickes	Nein, nix Welpe. Meine Nachbarn sind es satt. Du bekommst die Hündin.

Matthes	Auf keinen Fall. Da kann ich ja noch nicht einmal mehr Frikassee draus machen.

Szene 11

Drickes	Übrigens bin ich gerade an einem Laden vorbeigekommen, dort stand: Ich bediene lieber zehn Viersener als einen Dülkener.
Matthes	Oha!
Drickes	Ich fand die Werbung gut. Es war nämlich ein Bestattungsunternehmen. So und nun hänge ich mal das Wappen vom Schrebergartenverein auf.
Matthes	Schönes Blömke. Der Wappenbaum wird immer schöner und bunter.

Szene 12

(Wilma und Trudi erscheinen)

Trudi	Ohhhh! Schatzi, pass bloß auf, dass du nicht von der Leiter fällst. Ich habe heute Abend doch noch etwas mit dir vor.
Wilma	Ihhh, das will ich mir gar nicht vorstellen.
Mariechen	Hallo, ihr zwei Hübschen.

Matthes	Hast du die beiden gerade hübsch genannt?
Wilma	Willst du etwa was anderes behaupten?
Trudi	Im Gegensatz zu dir sind wir sogar bildhübsch.
Wilma	Der Matthes hatte letztens bei dem schönen Wetter Sandalen an.
Trudi	Ja und?
Wilma	Der hat so lange Tiiene-nägel.
Drickes	Ist ja ekelhaft.
Wilma	Ja wirklich. Seine Fußnägel sind so lang, wenn er bei dir zu Hause mit nackten Füßen über die Wiese läuft, ist der Rasen vertikutiert.
Matthes	Das ist üble Nachrede und Verleumdung, meine Fußnägel sind gepflegt. Aber apropos Nägel. Kaut dein Mann eigentlich noch an den Nägeln?
Trudi	Nein, damit hat er aufgehört.
Matthes	Er hat doch jahrelang an den Nägeln gekaut, wie hast du es denn geschafft, dass er aufhört?
Trudi	Ich habe seine Zähne versteckt.

Szene 13

Matthes	Wilma, was hast du denn da?
Wilma	Das ist das Wappen für den St. Martinsverein.
Matthes	Das ist aber schön.
Trudi	Echte Handarbeit. Das ist ein Kind mit einer Laterne.
Matthes	Das sehe ich selber, du Söllerjeet.
Drickes	Rede nicht so mit meiner Frau, sonst ziehe ich dir das Fell über die Ohren.
Trudi	Und da hat er auch genug von. Besonders um den Bauch herum.
Matthes	Ich bin mal gespannt, was so noch alles aufgehängt wird.
Trudi	Ich würde dich ja gerne da baumeln sehen.
Wilma	Dann hänge ich das Wappen mal auf.
Matthes	Ich halte dir die Leiter fest. *(schaut Wilma unter den Rock und hat schließlich den ganzen Kopf unterm Rock)*

Szene 14

(Pfarrer und Polizist kommen)

Trudi	Pass op, Wilma, da kommen dein Gatte und der Pfarrer.
Boeken	Hallo, mein Schatz. Was soll das denn? Wieso hat der seinen Kappes unter deinem Rock?
Matthes	Ich halte nur die Leiter fest.
Boeken	Hat er dich belästigt?
Wilma	So würde ich es jetzt nicht unbedingt nennen.
Trudi	Ist er jetzt nicht sauer, weil der Matthes seinen Kopf unter deinem Rock hatte?
Wilma	Und wenn schon. Der hat mich so oft betrogen, ich weiß gar nicht, ob unsere Kinder überhaupt von ihm sind.
Boeken	Was hat sie gerade gesagt?
Trudi	Nichts!
Wilma	Ich sage es ja immer: Männer können einfach nicht richtig zuhören.
Boeken	Sind wir gar nicht.

Szene 15

Pfarrer	Gott segne euch!
Matthes	Wo du gerade vom Segen redest. Stelle das Eimerchen mit dem Weihwasser so lange hier vorne ab. Mariechen bringt euch etwas zu trinken.
Boeken	Für mich bitte ein Helles!
Pfarrer	Ich hätte gerne einen Wein.
Matthes	Ich glaube, wir haben nur noch ein oder zwei Fläschkes Wein. Wenn heute noch mehr Leute Wein bestellen, wird es knapp.
Pfarrer	Mach dir mal keine Sorgen. Ich habe noch einige Kisten Messwein.
Boeken	Herr Pastor, was ich schon immer von Ihnen wissen wollte?
Pfarrer	Schieß los, mein Schäfchen.
Boeken	Worauf könnt ihr eher verzichten, auf den Wein oder die Frauen?
Matthes	Oh, das wird spannend.
Pfarrer	Wein oder Frauen? Nun ja, das kommt auf den Jahrgang an.

Szene 16

Matthes	So, nun hängt doch endlich mal eure Wappen auf.
Boeken	*(hängt das Polizeiwappen auf)* Herr Pfarrer, wollen sie selber, oder soll ich das Kirchenwappen aufhängen?
Pfarrer	Machen sie das, bitte.
Matthes	Wirklich tolle Wappen. Ein Bild unserer Polizei und eins unserer St. Cornelius-kirche.
Boeken	Nur damit ihr Bescheid wisst, der Bür-germeister kommt etwas später.
Matthes	Wieso?
Boeken	Er hat das Auto kaputt und muss drin-gend noch zum Orthopäden. Hab' ich gesagt: Dann fahr doch mit dem Ge-lenkbus.

Szene 17

(Fine erscheint als Möhne)

Boeken	Was ist das denn für eine Schrapnell?
Pfarrer	Das Böse ist unter uns!
Matthes	Hoop und Hölp!

Fine	Juuten Tach. Stellt euch doch nicht so an. Ich bin es, Fine!
Wilma	Och, das ist ja unser Finchen.
Trudi	Fine, wie siehst du denn aus? Komm rüber zu uns.
Fine	Ich soll doch ein Wappen für die Dölker Möhnen aufhängen und da dachte ich mir, dann komme ich halt als alte, hässliche Frau.
Matthes	Aber dafür hättest du dich doch nicht extra verkleiden müssen. Das wäre auch so gegangen.
Boeken	Genau! Das hätte dir auch ohne Verkleidung jeder abgenommen.

Szene 18

Matthes	Das Essen hat dir aber in letzter Zeit wieder sehr gut geschmeckt!
Fine	Was soll das denn heißen?
Trudi	Ich glaube, er will damit sagen, dass du dick geworden bist.
Fine	Ehrlich? Findet ihr denn auch, dass ich zugenommen habe?

Wilma	Nein, du hast dein Speck-drum erweitert.
Trudi	Hat eigentlich gestern die Tablette geholfen?
Wilma	Was denn für eine Tablette?
Fine	Ich hatte gestern ganz starke Magenschmerzen und Durchfall.
Wilma	Oh weh!
Trudi	Nun sag schon, hat die Tablette gegen deä Dünschiss geholfen?
Fine	Das ist mir jetzt ein bisschen unangenehm.
Wilma	Wieso?
Fine	Ja, also als ich die Tablette einnehmen wollte, ist sie mir runtergefallen. Und als ich mich bückte um sie aufzuheben, da brauchte ich sie dann nicht mehr.
Wilma	Ihhh!
Fine	Mittlerweile habe ich mich überall gewaschen.
Trudi	Das glaube ich dir. Du riechst auch besser, als du aussiehst.

Szene 19

Fine	Wilma, wie geht es eigentlich mit eurem Haus voran?
Wilma	Sehr gut. Letzte Woche haben wir mit den Sanierungsarbeiten begonnen.
Fine	Aha!
Wilma	Ja, und nach einem Wanddurchbruch haben wir einen offenbar geheimen, voll möblierten Raum gefunden. Den kannten wir gar nicht.
Fine	Interessant!
Wilma	Dann fiel uns ein, dass wir ja in einer Doppelhaushälfte wohnen.
Fine	Würde bitte einer der Männer für mich das Wappen aufhängen?
Schlippes	Ich mache das schon. *(hängt das Wappen auf)*
Fine	Danke, junger Mann!
Alle	Schönes Wappen!
Schlippes	Hast du dafür Modell gestanden?
Fine	Du freche Möp.

Szene 20

(Fritzchen erscheint)

Drickes	Da kommt mein Junge.
Fritzchen	Tach, Papa! Hallo, Mama!
Matthes	Was willst du denn hier?
Fritzchen	Ich soll für die Dölker Kneipenkegler ein Wappen aufhängen.
Matthes	Für die Kegler?
Fritzchen	Ja. Du weißt doch: Drei Pils, dre Korn, die Kugel muss nach vorn.
Matthes	Lass mal gucken.
Fritzchen	Was gibt es da zu gucken? Das ist ein Kegel.
Matthes	Warum bist du eigentlich alleine? Wo ist denn das Lisbeth?
Fritzchen	Hat sich erledigt.
Matthes	Wie, hat sich erledigt?
Fritzchen	Wir hatten „Knies" in der Berufsschule.
Matthes	Weshalb denn?

Fritzchen	Wir hatten uns in der Schule über die Sternzeichen unterhalten. Und Lisbeth hat gesagt, sie sei Jungfrau. Und dann hat sie mich gefragt.
Matthes	Ja, und?
Fritzchen	Habe ich gesagt, ich könnte das ändern.

Szene 21

Drickes	Das renkt sich schon wieder ein. Übrigens habe ich Post von deiner Lehrerin erhalten. Ich soll zu einem Gespräch kommen. Warum?
Fritzchen	Im Deutschunterricht haben wir gedichtet. Der Klausi hat folgendes gedichtet: Es schwimmt ein Vögelein im Hariksee und streckt das Schwänzchen in die Höh.
Drickes	Und du?
Fritzchen	Dann war ich dran und habe zur Lehrerin gesagt: Wenn ich in ihren Ausschnitt seh, geht's mir wie dem Vögelein im Hariksee.
Drickes	Was soll ich der Lehrerin denn nun sagen?

Fritzchen	Da kannst ja sagen: Frau Lehrerin, wenn ich auf ihre Bluse schau, versteh ich das Fritzchen ganz genau. So, nun lasst mich mal durch. Ich hänge das Kegelwappen auf.

(Klettert die Leiter hoch und hängt das Wappen auf)

Und nun, wo es hängt noch einmal richtig: Drei Pils, drei Korn, die Kugel muss nach vorn. Und hinterher noch einen Branntwein, dann fällt sogar das Bäuerlein. |
| *Matthes* | Runter von der Leiter, bevor du mir noch fällst. |

Szene 22

Schlippes	Fritzchen, komm mal!
Fritzchen	Was ist denn?
Schlippes	Hast du schon gehört, der Doll hat gestern bei Mariechen statt Kaninchen eine Katze gegessen.
Fritzchen	Das ist doch nichts Neues, das stand ja auch auf der Tageskarte.
Schlippes	Wie? Was stand denn da?
Fritzchen	Da stand: Gestern noch miaut, heute schon mit Kraut!

Schlippes	Du Blödmann, du kannst jemand anderes vüer deä Jeck halten!

Szene 23

(Bürgermeister Voss erscheint mit Peemans, Antwerpes und Schmitter)

Bürgermeister	Guten Tag allerseits.
Matthes	Tach, Herr Bürgermeister.
Bürgermeister	Einige kennen die Herren, die mich begleiten ja schon. Dennoch würde ich sie gerne vorstellen: Das ist Herr Schmitter, ein Mitglied der Eligiusbruderschaft, also der Schmiedezunft.
Fine	Ein sehr netter Kerl und so muskulös.
Bürgermeister	Und hier Herr Antwerpes, der Vorsitzende der Liedertafel, die ja in diesem Jahr sogar ein Jubiläum feiert. Einhundertjähriges Bestehen. Und das hier ist Herr Peemans, Mitglied der Metzgerinnung.
Wilma	Das sieht man an seinen Schweineöhrchen.
Trudi	Und er hat auch so eine richtige, feuchte Verkes-naas.

Fine	Vielleicht hat er ja auch ein Ringel-schwänzchen?
Peemans	Jev et noch eine Herrjott?
Fine	Das war doch eine ganz normale Frage.

Szene 24

Peemans	Was seid ihr unverschämt! Sag mal Trudi, trinkt dein Mann eigentlich immer noch so viel?
Trudi	Ach, es geht so. Ich habe jetzt mit mei-nem Mann einen Einkaufsplan aufge-stellt. Mal kauft er ein, dann wieder ich.
Fine	Und das funktioniert?
Trudi	Na ja, einen Tag essen wir, den ande-ren Tag saufen wir. Aber ich liebe mei-nen Drickes. Er hat mich übrigens im Sturm erobert.
Peemans	Und ziemlich neblig war es wohl auch noch!
Matthes	Kommt, bevor es Streit gibt, setzt euch bitte dort hin. Hier bekommt ihr schon mal ein Bier.

Szene 25

Antwerpes	Ich nehme gerne eins. Wie heißt es doch so schön: Was die Musik ist für die Seele, ist das Pilsken für die Kehle!
Fritzchen	Ich auch! Ich auch! Matthes, mir kannst du jetzt alle fünf Minuten ein Bier bringen.
Matthes	Alle fünf Minuten?
Fritzchen	Ja, bis ich sage schneller. Herr Pfarrer, ist das da drüben ihr Weihwassereimer?
Pfarrer	Ja, mein Sohn.
Fritzchen	Ich glaube, da hat gerade jemand reingepinkelt.
Pfarrer	Wie bitte?
Fritzchen	Ja, der Eimer steht ja auch da, als wäre es ein Pinkelpott.
Pfarrer	Dann muss ich das Wasser aber noch einmal schnell auswechseln.

Szene 26

Schmitter	Herr Bürgermeister, wie läuft die frische Ehe?

Bürgermeister	Ich bin sehr, sehr glücklich mit meiner Frau. Sie ist viel jünger als ich, unglaublich hübsch und sehr religiös.
Schmitter	Religiös?
Bürgermeister	Ja, sie redet fast täglich vom neuen Testament.
Peemans	Wie heißt die Neue von ihm eigentlich?
Antwerpes	Gelbe Buche?
Peemans	Hä?
Schmitter:	Nein, grüne Eiche?
Peemans	Was?
Schmitter	Ach ne, Rosalinde!

Szene 27

Antwerpes	Habt ihr eigentlich gehört, wie wir mit der Liedertafel geprobt haben?
Fritzchen	Ich habe es gehört. Die Musik war ja fürchterlich.
Antwerpes	Das war ein Lied von Pavarotti!
Fritzchen	Der Matthes meinte, der Pavarotti singt wie ein Hund.

Antwerpes	Pavarotti singt wie ein Hund?
Fritzchen	Ja, er meinte, er singt Vivaldi.

Szene 28

Matthes	Möchte noch jemand ein Bier?
Alle	Ja sicher.
Fritzchen	Ich auch, aber ich habe kein Geld mehr.
Trudi	Komm her, Jung, hier hast du Spritgeld.
Bürgermeister	Wieso denn Spritgeld, der Junge hat doch gar kein Auto?
Trudi	Wer redet denn von Benzin?
Fritzchen	Was der doof ist.

Szene 29

Bürgermeister	Fritzchen, ich hoffe, du hast kein Alkoholproblem.
Fritzchen	Nee, hab' ich nicht.
Bürgermeister	Ich schlage vor, du trinkst zwei Wochen nichts und wir gucken dann, ob es besser geworden ist.

Fritzchen	Kann ich nicht zwei Wochen mehr trinken und wir gucken, ob es schlimmer wird?

Szene 30

Peemans	Dann hängen wir mal die Wappen auf. *(klettert die Leiter hoch)*
Schmitter	Oh, das ist aber ein sehr schöner Verkeskopp. Ist das ein Portrait von dir?
Peemans	Du solltest mal zum Augenarzt, das ist kein Foto von mir, sondern von deiner Frau.
Schmitter	Ich schlage dir eine rein, du fiese Möp, datte bös.
Peemans	Du hast wohl zu oft die Abgase vom Schmiedefeuer eingeatmet.

Szene 31

(Das Wappen der Metzgerinnung fällt herunter und zerbricht)

Peemans	Das darf doch nicht wahr sein, was machen wir denn jetzt?
Matthes	Keine Sorge, ich habe eine Idee. Wir haben noch einen richtigen Verkeskopp von gestern, da gab es Spanferkel. Der ist übriggeblieben. *(Holt den Kopf hinter der Theke hervor)*

Schmitter	Die Ähnlichkeit ist ja noch verblüffender.
Peemans	Für heute wäre das in Ordnung. Der Kopp kann so lange hängenbleiben, bis unser Wappen repariert ist. *(hängt den Verkeskopp auf)*
Schmitter	So, jetzt ich.
Peemans	Was soll das denn sein?
Schmitter	Wir Dülkener Schmiede sind doch Zunftmitglieder in der Eligiusbruderschaft. Unser Wappen zeigt Mitra, Bischofsstab und Hammer. Das sind die Wahrzeichen des heiligen Eligius, unseres Schmiedepatrons.
Peemans	So genau wollte ich das jetzt auch wieder nicht wissen.
Antwerpes	Dann hänge ich nun das Wappen der Liedertafel auf, aber mit Musik. Die Liedertafel hat sich etwas ganz Besonderes einfallen lassen. *(hängt das Wappen auf)*

Szene 32

(Kapelle kommt und spielt ein Marschlied. Dann singen die Vertreter der Liedertafel ein Lied, alle anderen stimmen ein)

Szene 33

Matthes	Wirklich gut gesungen. Na ja, ihr seid kein Meistergesangverein mehr, aber so ein, zwei von euch können es noch. Wir können stolz auf unsere Vereine sein. Da habt ihr euch ein Bier verdient.
Trudi	Das war wirklich toll. Ich finde es auch schön, dass wir drei Frauen mal wieder zusammen sind. Alles gut bei euch und euren Männern?
Wilma	Ja.
Fine	Ich habe doch immer noch keinen neuen Mann. Aber das wird schon.
Wilma	Das liebe ich so an dir, Fine. Egal wie schlecht die Aussichten auch sind, du lässt den Kopf nicht hängen.
Fine	Ich wechsele mal das Thema. Wilma, du hast die Haare schön.
Wilma	Ich will sie mir jetzt auch wieder wachsen lassen, bis sie wieder über die Brust gehen.
Fine	Das wird ein Wettlauf gegen die Zeit.
Wilma	Wie meinst du das?
Fine	Die Schwerkraft, Wilma, die Schwerkraft.

Szene 34

Peemans	Ich muss etwas erzählen.
Antwerpes	Lott jonn!
Schmitter	Was denn?
Peemans	Ich habe doch eine Tochter.
Schmitter	Ich weiß. Sie ist gar nicht mal so hässlich, also nicht so wie du.
Peemans	Ich hau dir gleich eine vüer deä Kappes.
Antwerpes	Erzähl schon weiter.
Peemans	Also gestern klingelt es bei mir an der Metzgereitüre und da steht da so ein kleiner Italiener vor mir und sagt: Mein Name ist Umberto, ich bin gekommen, um mit deiner Tochter Liebe zu machen. Ich sage: Um was? Umberto!
Schmitter	Haha.

Szene 35

(Herr Sauerbrei kommt)

Sauerbrei	Bin ich hier richtig bei der Weihe des neuen Wappenbaumes?

Antwerpes	Wat ös dat denn vüer en Männeken?
Schmitter	Wo hat man den denn ausgegraben?
Peemans	Wer bist du denn?
Sauerbrei	Gestatten, Sauerbrei!
Alle	Oh nein, „Vierscher!"
Peemans	Was wollen sie hier?
Sauerbrei	Ich bin Vorsitzender der Kreisschneiderin-nung und soll in Vertretung hier für die Dül-kener Schneider ein Wappen aufhängen.
Peemans	Ach so.
Schmitter	Pass bloß auf, dass wir dich Viersener Stiiepeföttche nicht an den Baum hängen.
Sauerbrei	Unverschämt. Herr Wachtmeister würden sie denen mal Einhalt gebieten?
Boeken	Für Lappalien bin ich nicht zuständig.
Sauerbrei	Unerhört! Herr Bürgermeister, das gibt aber hoffentlich eine Dienstaufsichtsbeschwerde gegen ihren Dorfsheriff?
Bürgermeister	*(winkt nur ab)*

Szene 36

Matthes	So, ich bringe euch mal wieder etwas zu trinken. Schneider Wibbel auch was?
Sauerbrei	Mein Name ist immer noch Herr Sauerbrei und ja, ich hätte gerne ein Glas Wein und etwas zu essen, eine Bratwurst.
Antwerpes	Wein? Ich verstehe. Vermutlich ganz trocken.
Sauerbrei	Machen sie doch mal Platz und lassen sie mich mal eben das Wappen aufhängen.
Antwerpes	Was bist du ein Unsympath!
Matthes	Herr Wibbel, äh, Sauerbrei, was ich schon immer wissen wollte. Sie haben ja richtig viel Geld, wie seid ihr eigentlich dazu gekommen?
Sauerbrei	Das war so: Ich hatte nach meiner Ausbildung zum Schneider gar nichts, nur noch ungefähr zwei Mark. Davon habe ich mir einen Ballen Stoff gekauft und etwas daran rumgenäht und am gleichen Abend schon als Hemd für drei Mark verkauft.
Matthes	Das war schlau!

Sauerbrei	Am nächsten Tag wieder und am darauffolgenden Tag habe ich mir zwei Lagen Stoff gekauft und drei Hemden verkauft. Nach drei Wochen hatte ich Siebenundfünfzigmarkdreißig.
Matthes	Und dann?
Sauerbrei	Dann ist mein Vater gestorben und hat mir sein ganzes Geld hinterlassen.

Szene 37

(Rector Magnificus von der Narrenakademie kommt auf einem Steckenpferd hineingeritten)

Rector	*(singt)*	Hopp! Hopp! Hopp! Pferdchen im Galopp! Guten Tag zusammen. Wie ich sehe, hängen die meisten Wappen ja bereits.
Matthes		Tach, Rector Magnificus. Schön, dass du da bist. Dann kannst du das Wappen für die „Akamie" auch aufhängen.
Rector		*(hängt das Wappen auf)* Sieht es nicht wunderschön aus, unser Steckenpferdwappen?
Alle		Sehr schön!

Szene 38

Rector	Ach, hallo Fritzchen, wie läuft es eigentlich bei der Logopädin?
Fritzchen	Sie hat mich rausgeworfen!
Rector	Warum?
Fritzchen	Ich habe sie gefragt: Kann ich meine Rechnung auch aaaabstottern?

Szene 39

(Pfarrer kommt zurück)

Pfarrer	So, da bin ich wieder. Ich habe frisches Weihwasser mitgebracht. Und noch mal an alle: Das ist hier kein Pinkelpott.
Doll	Siehste, Schlippes, habe ich dir doch gleich gesagt, lass das.
Peemans	Ich hatte das beobachtet. Das macht man nicht. Du solls dich jet schaame.
Schlippes	Ich wollte nicht einfach so in die Ecke pieseln, wegen der Umweltverschmutzung.
Peemans	Hör mir auf mit Umweltverschmutzung. Vergangene Woche habe ich eine Dose Sardinen aufgemacht. Und was soll ich sagen, alles voller Öl und die Fische alle tot.

Szene 40

Trudi Fritzchen, denk daran, du hast morgen einen Termin bei der Mobbingbeauftragten an deiner Berufsschule.

Fritzchen Ich? Bei der Fetten? Warum?

Sauerbrei Habe ich doch immer schon gewusst. Mit dem Jungen stimmt etwas nicht.

Fritzchen Mit mir stimmt alles und schlau bin ich auch.

Sauerbrei Dann nenne mir mal ein wichtiges Metall.

Fritzchen Ein wichtiges Metall? Waffeleisen!

Sauerbrei Haha. Nenne mir mal einen Fluss.

Fritzchen Der Abfluss!

Sauerbrei Der Junge wäre auch mit zwei Gehirnen nicht schlauer, sondern doppelt so blöd! Hast du dich eigentlich schon einmal gefragt, warum du der Einzige bist, der den Dorftrottel nicht kennt?

Szene 41

Fritzchen Ich rede nicht mehr mit dem. Jetzt stelle ich mal eine Frage an den Herrn Pfarrer.

Pfarrer	Na gut.
Fritzchen	Welches Instrument spielt eigentlich Gott?
Pfarrer	Welches Instrument? Weiß ich nicht.
Fritzchen	Tuba!
Pfarrer	Wieso Tuba?
Fritzchen	Haha, das weiß der nicht. Es steht doch schon in der Bibel: Vater unser, der Tubist im Himmel.
Doll	Du hast den Pfarrer reingelegt, das macht man nicht. Ich habe auch noch eine Frage: Welche Lebensarten können sowohl an Land als auch im Wasser überleben?
Fritzchen	Taucher!
Doll	Du bist genauso dumm wie dein Vater. Wenn du eine Pizza wärst, dann wärst du eine Margherita.
Fritzchen:	Warum eine Margherita?
Doll	Weil du nix drauf hast.

Szene 42

Sauerbrei	Herr Wirt, die Wurst schmeckt ja nach Eisen.

Fritzchen	Das ist ja auch eine Rostbratwurst!

Szene 43

Trudi	Wilma, du arbeitest doch bei einem Anwalt. Erzähl doch mal eine Anekdote.
Wilma	Da war eine Frau, die wollte sich scheiden lassen.
Fine	Warum denn?
Wilma	Sie hat gesagt, weil mein Mann Lampe heißt und weil sie den Bruder ihres Mannes heiraten will.
Trudi	Aber der Bruder heißt dann doch auch Lampe.
Wilma	Ja, das stimmt. Aber es ist doch ein großer Unterschied, ob es eine Hängelampe oder eine Stehlampe ist.

Szene 44

Mariechen	Hört mal, ihr Lieben. Habt ihr eine Idee, was ich dem Matthes zum Geburtstag schenken soll?
Fine	Ein Hemd.
Mariechen	Hat er doch.
Trudi	Schenke ihm doch eine Krawatte.

Mariechen	Hat er doch.
Wilma	Dann schenke ihm doch ein Mobile.
Mariechen	Was ist denn ein Mobile?
Wilma	Ein Mobile hängt runter und baumelt.
Mariechen	Hat er, hat er.

Szene 45

Bürgermeister	Wirklich schön. Wo jetzt auch Ihr Wappen hängt, würde ich gerne noch ein paar Worte sagen und der Pfarrer kann den Baum segnen.
Pfarrer	Das mache ich sehr gerne.
	(geht mit dem Weihwassereimer und einer Bürste um den Wappenbaum herum)

Szene 46

Bürgermeister	Liebe Gemeinde, es hat lange gedauert, bis heute endlich dieser Wappenbaum steht.
Fritzchen	Aber nur, weil der Matthes so lange gebraucht hat, um das Loch zu buddeln.
Matthes	Stimmt doch gar nicht!

Bürgermeister	Wappenbäume gibt es in vielen Städten und Orten. Sie sind ein Symbol der Identifikation mit der Stadt und dafür, dass Vereine tief verwurzelt sind. Gerade in der heutigen Zeit stellt das ehrenamtliche Engagement in den Vereinen unserer Stadt den Kitt dar, der unsere Gesellschaft zusammenhält. Die Vereine sind für viele Menschen Heimat.
Matthes	Das ist ein gutes Schlusswort.

Szene 47

Boeken	Apropos Heimat, da singe ich euch noch ein Lied von.

Lied:
„Heimat" von Paveier

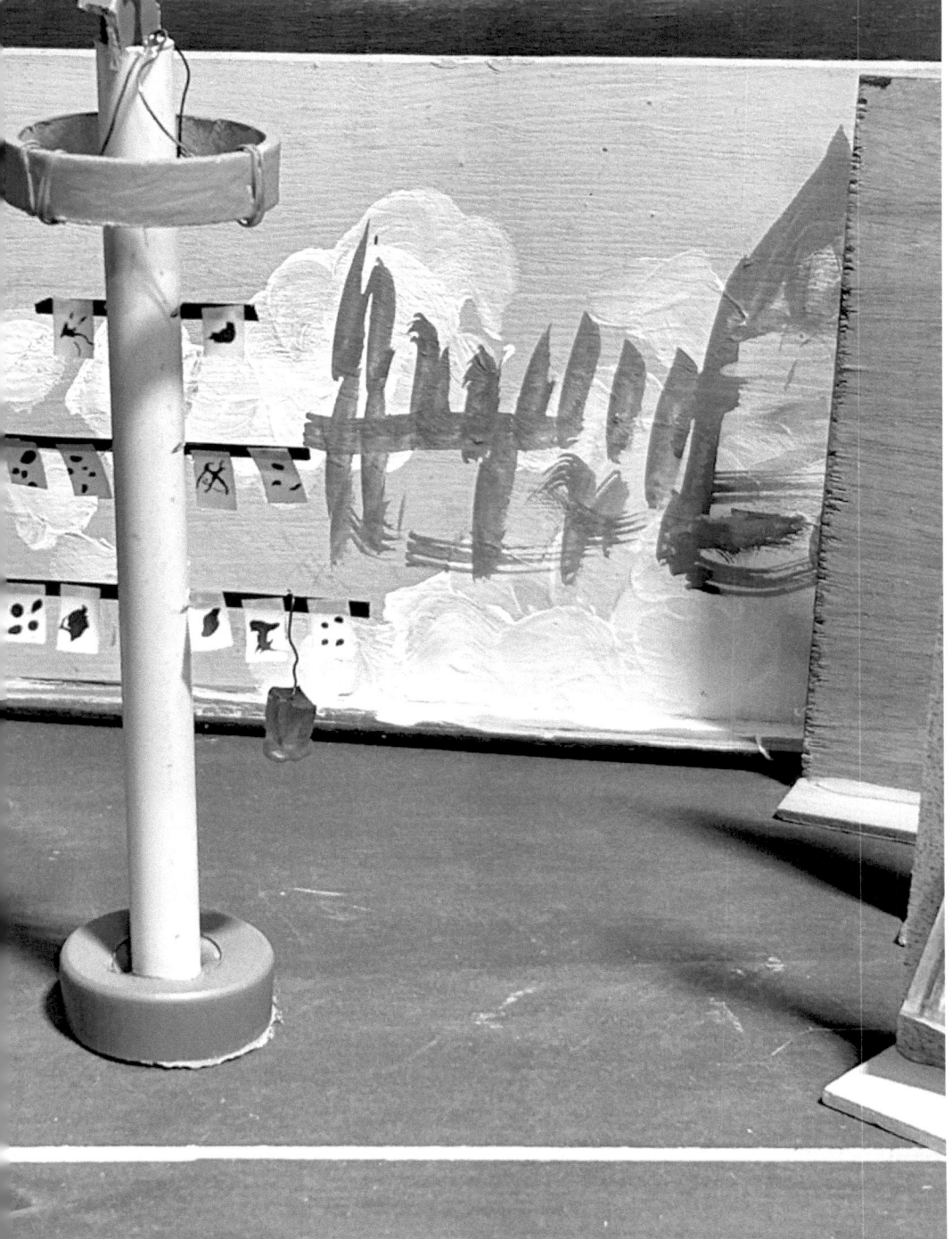

Weitere Bücher von André Schmitz:

„Napoleon in Dülken"
Nachtwächtergeschichten
ISBN 978-3944514109

„Narrentheater"
Wie das Leben so spielt
ISBN 978-3944514161

„Narrenschauspiel"
Verrückt ist noch nicht blöd genug
ISBN 978-3944514352

„Der Heiligenbildmörder"
ISBN 978-3944514482